JN409231

임진왜란과

조선도공들

안영진

조선도종 14대 심수관 취재장면

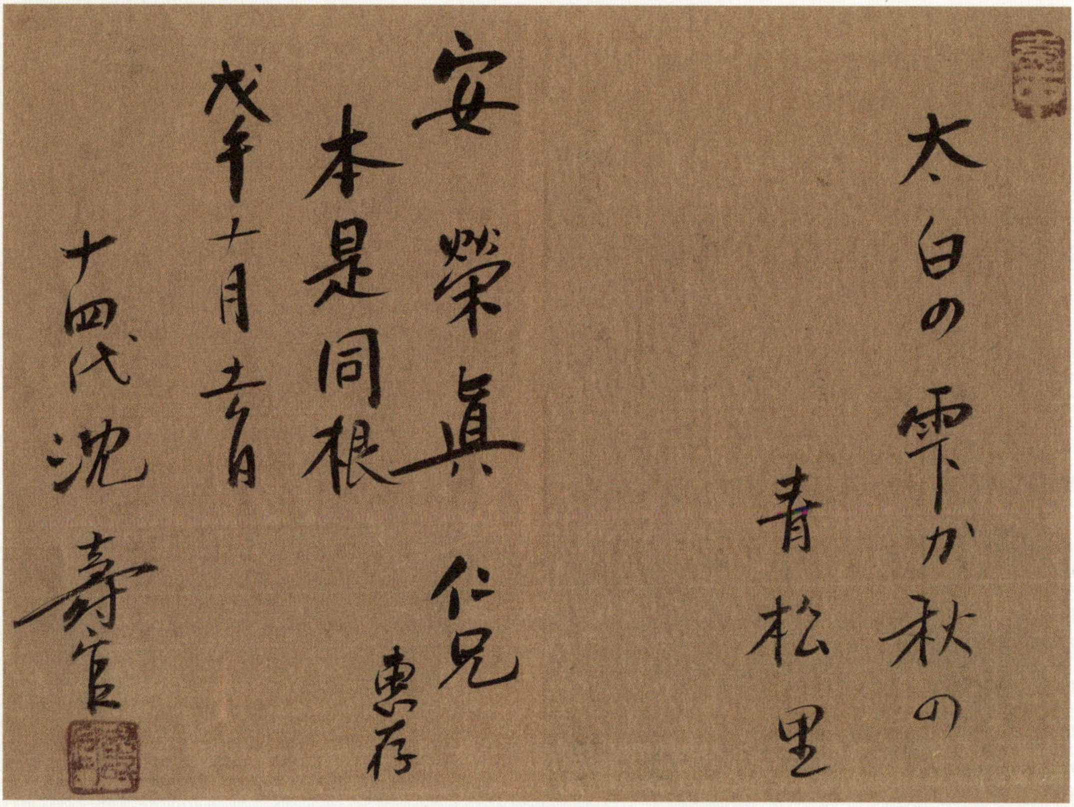

太白の雫か秋の
青松里

安榮眞 仁兄 恵存

本是同根

戊午十月吉日

十四代沈壽官

사츠마 도요마을 입구에서

우록동 김충선 기념관

도자기 장인들을 묵상하며

문학평론가 리 헌 석
(충청예술문화협회 회장)

2019년에 졸수(卒壽, 90세)를 맞는 언론계의 원로 안영진 선생께서 오랜 기간 퇴고에 퇴고를 거듭한 옥고(玉稿)로 역저(力著) 『임진왜란과 조선 도공들』을 발간합니다. 선생은 중도일보 기자로 출발하여, 지방신문 통폐합 이후 대전일보의 편집국장과 주필, 다시금 중도일보의 편집국장, 주필을 역임하면서 정론직필(正論直筆)을 일상화한 분입니다.

때로는 언론인 생활이 고단하고 눈물겨울 때가 있었겠지만, 그래도 마음만은 넉넉하였다고 회고합니다. 어려움에 처한 한국을 〈동방의 밝은 등불이었던 코리아〉라는 시(詩)로 한국인의 정신을 일깨운 인도의 타고르 시인, 그 대학 부총장을 취재한 것이나, 세기의 성녀로 칭송받은 마더 테레사 수녀를 접견 취재한 일을 가장 큰 보람이라고 말합니다. 저명한 정치인으론 일본의「호소가와」「오부치」두 수상을 단독회견한 바 있어 이는 지방 언론인으로서는 체험하기 힘든 쾌거였을 터입니다.

저서 『임진왜란과 조선 도공들』 역시 충청남도와 '구마모토'의 자매 결연을 주도한 일도 있습니다. 그러니 도자기의 신으로 추앙받는 이삼평 장인(匠人)과 한국인의 얼을 지키고 있는 심수관 장인(匠人)에 대한 기사가 바탕이었을 터입니다. 그러나 선생은 임진왜란에 일본의 앞잡이 역할을 하고 곧바로 창씨개명을 한 이삼평 도가(陶家)보다, 끝까지 한국의 성을 지키며 꼿꼿한 자세를 견지한 심수관 도가(陶家)에 집중하는 자세를 보입니다. 이는 어떤 삶이 더 가치로운가를 간접적으로 제시하는 심결입니다.

안영진 선생의『임진왜란과 조선 도공들』을 다시 정독하며, 나라를 잃고 난세를 살아왔던 그들의 삶을 대변하는 말을 인용해 봅니다. 〈싸워서 이겨야 한다. 네 핏줄에는 조선 귀족의 피가 흐르고 있다.〉 중학교에 입학한 14대 심수관이 집단 폭행을 받고 온 날 13대 심수관이 한 말입니다. 또한 14대 심수관이 〈정치란 미리 계산된 사기술〉〈정치란 '너무 가까이 가면 화상을 입기 쉽고, 멀리 떨어져 있으면 동상에 걸리기 쉽다.〉는 말은 오늘의 예술가들에게 경계가 되는 잠언(箴言)과도 같습니다.

우리는 한국의 도자기를 400여 년 지켜온 그 분들에게 비판의 언어를 구사하기보다, 따스한 눈길로 포용하는 것이 중요합니다. 우리나라 조선이 힘이 없어, 포로로 잡혀갔음에도 우리의 얼을 도자기로 빚은 장인(匠人) 정신에 박수를 보낼 일입니다. 그분들에게 가해졌을 차별과 집단 따돌림을 아픈 마음으로 묵상하며, 이를 저서에 담아 깨우쳐 주신 안영진 선생의 6번째 저서 발간을 축하합니다.

1 부

2 부

1부

임진왜란과 조선도공들

1. 사츠마 요를 가다

임진왜란 때 왜국으로 끌려간「조선도공」,「심수관일가」의 이야기를 써보고 싶다는 생각은 오래전부터 있어왔다. 바로 말하면 지난 60년대 그러니까 평기자 시절부터 그러했다.

해외에 네트워크를 갖지 못한 지방지로선 취재가 불가능한 시대였지만 1975년 그 기회를 맞았다. 한·일 의원연맹 도쿄대회 취재차 건너간 계제에 그 소망(?)을 이룬 셈이다. 이 대회에 한국에선 JP를 단장으로 이병희 간사장, 최영철 의원, 충남에선 박병배 통일당 당수, 박찬, 황명수 의원 등이 참가했다.

일본에선 후쿠다(福田), 오히라(大平), 다나카 전 총리 등 지도층이 참석, 태평양시대의 개막과 양국의 번영과 우호를 다지는 자리였다. 대회장의 열기는 더없이 뜨거웠다. 그때 JP가 행한 연설은 지금도 쨍하고 필자의 귓전을 울린다. 그는 이렇게 억양을 높였다.

"옛날 정치는 먼 자와 손을 잡고 가까운 이웃을 치는 소위 원교근공(遠交近攻)전법을 구사했으나 이젠 먼 자와 손을 잡고 가까운 이웃과는 더더욱 가깝게 공존해야 한다는 명제 앞에 우리는 서 있습니다."라고 설파했다.

그 특유의 명연설을…. 그는 연설뿐만 아니라 제스처 또한 일품이었다. 폐회 때 노구를 가누지 못하는 「오히라」를 왼손으로 덥썩 감싸고 관중을 향해 오른손을 흔들어 보이는 장면, 이는 멋진 한 폭의 그림이었다. 이에 한동안 박수소리가 그치질 않았다.

제1부 행사를 마치고 나서 필자는 이병희 간사장에게 이런 말을 했다. "아무리 일어에 자신이 있다손치더라도 일국의 대표라면 통역을 내세우는 게 상식 아닌가요?"하자 이병희 간사장이 발끈했다. JP는 설득력이 좋기 때문에 일어로 해야 효과가 난다해서 그리했다며….

다음날 행사는 「아사쿠사(淺草)」의 동양 극장으로 이어졌다. 일본측에선 「조로쿠다이코(助六大鼓)」에 엔카(演歌)와 춤을, 우리는 가수 정훈희의 노래를 비롯 화관무 그리고 판소리 등을 들고 나와 흥을 돋우었다.

이때 필자가 또 한마디 참견했다가 이 간사장으로부터 면박을 당했다. 단상에 그려 붙인 현수막에 사쿠라가 무궁화 꽃을 누르고 있다며 꼬집자 버럭 화를 내는 것이 아닌가. "거! 참 귀찮게 구는구먼! 자질구레한 문제를 갖고…. 이래서 사람들이 신문기자를 싫어한다니까!"라며 역정을 냈다.

반면 잊지 못할 추억거리도 있다. 대회 첫날 회의장 분위기를 취재하던 필자는 순간 엉뚱한 몸짓을 하고 말았다. 내빈과 카메라맨 등으로 콩나물시루처럼 입추에 여지가 없는 회의장이다. 그 틈 사이를 파고드는 순간 「ばる(下郎) 잡 것!)」 소리와 함께 누군가가 필자의 목덜미를 손바닥으로 내리친다. 억양으로 보아 江戸ッ子(동경태생)은 아닌 듯싶다.

「またを くくゐ つもりか? (사타구니를 기어나가려고?)」귀에 익은 억양인 듯해서 힐긋 돌아보니 통일당 대표 박병배 의원이 아닌

가.「당수도 못 끼는 대열에 감히 신문기자가?」아마도 그런 뜻이었을 것이다. 그래도 밀치고 들어가 보니 JP 옆이었다. 연신 터지는 플래시 앞에 정신을 가눌 겨를이 없다.

제1부는 그렇게 끝났는데 귀국 후 묘한 반응을 일으켰다. 하루는 언론 담당 기관원이 전화로 세상 뒤집힐 일이 생겼다며 나오라기에 만나보니 그는 "여보! 도쿄대회에 가서 일을 저질렀더군!" 하기에 또 무슨 트집인가 싶어 긴장된다. 이때 그는 화보 하나를 내보인다. 그 표지엔 오늘의 한국(今日の韓國)이라는 잡지다.

헌데 '이게 웬일인가(칼러판)' 표지에는 맨 오른쪽에 필자, JP, 전 오히라 외상, 후쿠다 수상 순으로 서 있다. 그 중에서도 유독 필자의 얼굴이 돋보이는데 마치 주역처럼…. "거 참! 안 아무개 일낼 사람이구먼!"하며 자기네 대장이 웃더라는 것이다. 40여년 전 일이다.

화두를 다시 원점으로 돌린다. 동경대회 취재를 마치고 필자는 언론인이요, 작가인「미즈오카(光岡明)」씨를 찾아갔다. 그의 사무실은 도쿄역전 한 빌딩에 들어 있었다. 필자를 반기는「미즈오카」씨. 그는 다케다(武田全)시인의 제자로「나오키」상(直木賞)을 탄 이름 있는 소설가다.

다케다 시인은 일제말 서산농림교장을 지낸 인물이다. 그의 소개로 우리 두 사람은 만났다.「풀과 풀 사이(草と草の距離)」라는 장편소설을 쓴 작가다. 그의 소설을 번역해서 팔아먹겠다고 하자, 그는 마음대로 하라며 웃어넘긴다. 그는 대중물이 아니어서….

이는 통속 아닌「본격소설」이라는 뜻이다. 하지만 차일피일 미루다 실행을 못해 늘 미안하게 생각한다. 그는 술을 꽤나 좋아했다. 그래서 그의 단골집에서 밤늦도록 정종 잔을 기울였다.

그가 필자의 향후 스케줄을 묻기에 규슈 남단「가고시마(鹿兒島)」

에 갈 생각이라 했더니 "어째서 그 먼 곳엘?"하고 되묻는다. 「사츠마요」의 진주캉(沈壽官) 인터뷰 계획을 말하자 "알만 합니다." 또 그는 이런 말을 했다.

올라오는 길에 「구마모토」에 들러 「타마나군(玉名郡)」 후나야마(船山)고분 취재를 권한다. 공주 무령왕릉의 출토품과 후나야마(船山) 고분유물이 판에 박은 듯 같다며 필시 백제와 깊은 인연이 있을 거라며 좋은 기행문을 쓰라고 권한다. 그러면서 그는 또 「구마모토」 일일신문의 「히라노」 주필을 소개했다.

이와 같은 인연으로 필자는 의외의 소득(?)을 취한 셈이다. 심수관 인터뷰와 「사츠마」 도요를 취재하고 올라오는 길에 후나야마 고분을 찾아갔다. 이 고분을 국내에 맨 먼저 터뜨린 건 필자였다는데 지금도 보람을 갖는다.

이로 인해 공주 - 기쿠스이(菊水町)결연, 4년 후엔 충남도와 구마모토(熊本) 현이 확대결연으로 이어졌다.

뿐만 아니라 대전일보가 「구마모토」 일일신문과 공동주최로 국제학술세미나를 주도한 일이 있다. 그 무렵 신문사 사장이 한 말이 떠오른다. 「이런 마당발한테 주변에선 왜? 그토록….」하며 힘을 내라고 어깨를 토닥거린다.

이후 필자는 「호소카와」, 「오부치」 두 수상의 단독회견 「현해탄은 말한다」, 「호소카와 수상은 백제 혈통인가」 두 권의 책을 펴냈다. 이밖에도 후지산의 육상자위대와 규슈 탱크사단, 대마도 「와니우라」의 해상자위대를 취재한 기억이 새롭다.

이야기꺼리는 이에 머물지 않는다. 구한말 의병장 면암 최익현 선생과 대마도 수용소 이야기…. 30여 년 전 그때 최창규 의원과 필자는 국빈 대우를 받으며 도쿄와 대마도 사이를 누비고 다녔다. 그때

KBS와 NHK는 물론 각 신문기자들도 우리 두 사람의 뒤를 따랐다.

조선도공 14대손 沈壽官

도쿄대회를 마치고 소설가 미즈오카씨와 만난 다음날, 필자는 하네다(羽田)공항에 나가 남단 「가고시마」 티켓을 사려다 뜻을 이루지 못했다. 이날 태평양에서 태풍이 북상, 항공기 착륙이 어렵다 해서 규슈 중간지점 「구마모토」 공항 티켓을 손에 넣었다.

1시간 남짓의 거리였다. 공항을 빠져나와 택시를 잡고 "남쪽으로! 나에시로가와(苗代川)로!"를 연발했다. 하지만 「가고시마」는 초행길이 되어 그만 실수를 하고 말았다. 택시는 공항을 빠져나왔으나 어찌된 일인가? 입구부터 2차선 도로에다 시속 80km라는 안내판이 서 있다.

'아뿔사!?' 오판을 한 것이다. 후쿠오카 - 가고시마 간은 종단(縱斷)선인데 중간지점 구마모토까지는 고속도로였으나 그 아래는 2차선, 거기에 주행속도까지 제한하고 있지 않은가. 초행이라 그것을 미처 몰랐다.

자주 다니던 후쿠오카~구마모토는 1시간 30분 거리, 지도를 펼쳐보니 거의 같은 거리라고 목측(目測)을 한 게 잘못이었다. 심수관(沈壽官)씨에게 오후 3시로 약속한 게 실수였다.

택시는 80km 속도로 달린다. 목적지까지 3시간 남짓 걸릴 것이라는 게 기사의 예측이다. 약속시간은 이렇게 파기된 셈이다. 이젠 택시에 맡기는 수밖에 없다. 핸드폰도 없는 시대 이야기다. 한 시간 반쯤 달렸을까.

시장기가 돈다. 세계적인 도공, 조선도공을 만난다는 생각에 배고픈 줄도 몰랐다. 도중 휴게소에서 운전기사에게 도시락을 사주는 여유(?)까지 보인 필자. 점심을 그렇게 때우고 한동안 달리는데 택시기사가 중얼거린다. 거의 다 온 듯싶은데 안내판이 보이질 않는다며 고개를 갸우뚱한다.

이윽고 「사츠마요 발상지(薩摩焼の發祥地)」라는 간판이 보이는데 「나에시로가와(苗代川)」 지명이 나오질 않는다. 구마모토 운전기사라서 「가고시마」는 아무래도 생소한 모양이다. 택시에서 내려 「사츠마」 도요 발상지라는 안내판을 카메라에 담았다. 카메라 셔터를 택시기사에게 의뢰했다. 그러나 이곳은 이미 지명까지 바뀐 지 오래된 모양이다. 지명이 「미노야마(美の山)」로 바뀐 것을 이때 비로소 알게 됐다. 「미노야마」 안내표시가 금시 나타났다. 조그마한 마을이다. 온통 숲으로 뒤덮인 마을.

마을 입구에서 심수관 댁을 묻자 좀 더 나가면 조선식 기와집이 나온다고 했다. '빵! 빵!' 택시가 클랙슨을 울리자 기다렸다는 듯 건장한 중년 남자가 대문 밖으로 나오며 "어서 오세요." 정중히 맞는다.

택시 요금은 자그마치 4만 몇 천엔인데 그 요금이 아깝지 않은 건 무엇 때문일까. 건장한 체구에 검은 테 안경, 턱수염이 무성한 沈씨. 집안으로 필자를 안내한다. "이것이 양반집 대문이지요(これがやんばんの門です)."자랑한다.

뜰에 들어서니 NHK 카메라가 구석구석을 찍어댄다. "미안합니다. 한국 언론인인데 심 선생 취재시간을 할애 받고 싶은데…." 했더니 고개를 끄덕인다. 양보하겠다는 뜻이다. 응접실에서 찻잔을 마주하며 심씨는 이렇게 화두를 꺼낸다.

"도착시간이 한참 지나 내심 불안해졌습니다. 도중에 무슨 일이 생기지 않았나 해서…." 그리고 NHK에선 「심수관 한국역사기행」

이라는 테마로 드라마를 제작 중이라 했다. 대구 근교「우록동」에서 심씨 자신과 한국의 김씨가 서로 껴안는 신(scene)을 미구에 볼 수 있을 것이라며….

내용은 이러하다. 임진란 때 일본에 잡혀온 심씨 14대손 즉 심씨 자신과 당시 침략군 선봉장 후예가 조선에 망명한 14대 손이 만나는 장면이「클라이맥스」라고 한다. 이를 위해 NHK가 엊그제부터 촬영 중이라며 "일대 로망이 될 것입니다."

일대 로망 운운하며 흥분하는 심씨 얼굴을 거듭 살펴봤다. 헤밍웨이「무기여 잘 있거라」또는 게오르규 작「25시」라는 소설이 머리에 떠오른다. 이 두 작가는 노벨상을 받았고 이 두 영화의 주연들은 그야말로 한 세기를 풍미한 스타들이었다.

여기서 짐짓 생각해본다. 심씨는「록허드슨」,「안소니 퀸」이 두 주연배우 중 어느 쪽에 더 관심을 갖는 것일까. 이렇게 부질없는 생각을 해본다.

우록동과 김충선 이야기

김충선은 임진왜란 때 한국에 귀화(歸化)한 일본무사 이다. 그는「가토 기요마사」의 좌선봉장으로 내침하였으나, 곧바로 경상도병마절도사 박진에게 귀순하였다.

그 후 조선에 큰 공을 세워, 가선대부(嘉善大夫)를 제수 받았다.

이어 도원수 권율(權慄), 어사 한준겸(韓浚謙)의 주청(奏請)으로 김해 김씨 성과 충선이라는 이름을 하사받고 자헌대부(資憲大夫)에 올랐으며 임금이 하사한 성씨라고 해서 사성 김해 김씨라고 부른다. 정유재란 때 전투에 참가하여 공을 세웠다.

그 뒤 오랑캐의 침입으로 변경이 소란하자, 자청하여 10년 간 국

경방어 임무를 마치고 돌아와 정헌대부(正憲大夫)가 되었다. 1624년(인조 2) 이괄(李适)의 난 때, 부장(副將) 서아지(徐牙之)를 잡아 죽인 공으로 사패지(賜牌地)를 하사받았으나, 사양하고 수어청의 둔전(屯田)으로 삼게 하였다.

1636년 병자호란 때에는 소명(召命)을 기다리지 않고, 광주(廣州) 쌍령(雙嶺)싸움에 출전하여 오랑캐 500여 명을 베었다. 화의(和議)가 성립되자, 통곡하여 대구의 녹리(鹿里)로 돌아갔다.

진주목사 장춘점(張春點)의 딸과 혼인하여 우록동(대구광역시 달성군 가창면)에 정착하여 살면서 가훈·향약 등을 마련하여 향리교화에 힘썼다. 문집 〈모하당문집〉이 있다.

- 김충선 [金忠善] (두산백과) 참조.

일본 나고야성의 일본 장수 사야가 김충선. 그는 조선을 향한 출정을 준비하고 있었다. 모하당문집에 따르면, 그는 출정 후 부산에 도착하자마자 곧 투항했다. 그때는 조일전쟁이 막 시작된 시기고 일본군이 승승장구할 때다.

패전해서 하는 수 없이 투항한 게 아니었다. 그렇다면 그는 이미 출정을 앞두고 여기에서부터 투항을 결심한 것을 짐작할 수 있다. 그는 과연 이 곳에서 무슨 생각을 했을까? 그런데 도대체 무슨 사연이 있었길래, 고국을 버리고 조선에 투항해 조선군이 되어 싸울 생각을 했을까?

그의 투항 이유를 알아내기 위해 먼저 그가 일본에서 과연 어떤 인물이었는지 알아봐야 할 것이다. 그런데 모하당문집에는 사야가 김충선이 일본에서 어떤 인물이었는지에 대한 기록이 전혀 나와 있지 않다.

하지만 사야가가 누구였는지, 모화당문집에서 단서 하나를 찾을 수 있다. 모하당문집 기록을 보면, 사야가 김충선은 조선에 투항 후 조선군에 조총과 화약 제조 기술을 전수했다는 기록이 나온다.

더구나 사야가 김충선은 조선에 귀화 후, 자체적으로 조총부대를 조직하여 전투에 참가해 공을 세운 기록도 나온다. 이 단서를 근거로, 일본에서 사야가의 정체를 알아보자.

고사카 지로는 사야가를 주인공으로 한 역사 소설 '바다의 가야금(2001)'을 쓴 저자다. 그는 자신의 소설을 통해, 사야가가 조총기술과 화약제조술을 조선에 전수할 수 있었던 이유를 말하고 있다.

와카야마현에서 옛 총을 연구하는 고식총 연구회의 고문이기도 한, 고사카 지로는 조총 전문가다. 그는 사야가가 전국시대때 존재했던 일본 최강의 철포부대원 중, 한 인물이라 주장했다.

당시, 일본에는 조총을 직접 제조하고, 잘 쏘는 여러 개의 철포부대가 있었다. 그 중, 최강의 철포부대는 바로 와카야마현의 '사이카'라 불리는 철포부대. 이 부대는 영주에게 예속되지 않은 독립집단으로, 최고의 명사수들이었다. 바로 이 사이카부대에 사야가가 있었다는 것이다.

고사카 지로 : 총을 만든다는 것은 상당한 기술을 필요로 한다. 총도 그렇지만, 화약의 조합도 그렇다. 그런 것들이 조선에 전수된 것을 볼 때, 사야가는 사이카일 것이다.

그들은 자신들이 살고 있던 마을 이름을 따, 잡하, 일본발음으로 사이카라 불렸는데 사야가와 발음이 흡사하다. 석산군기(사이카들의 전투를 묘사한 책), 이 책에는 사이카부대의 대장 스즈키 마고이치로의 모습이 그려져 있다. 고사카지로는 바로 이 스즈키 마고이치로가 사야가라 주장한다.

고사카 지로 : 스즈키 마고이치로라는 이름이 진짜 이름인데, 밖에 나가면 전부 사이카라고 불렀다. 실제, 스즈키는 당시 조선에 출병했고, 이후 그의 흔적은 일본 땅 어디에도 남아 있지 않다.

고사카 지로 : 스즈키 마고이치로는 조선침략의 출병시 나고야까지 100명을 데리고 갔는데 그 이후로는 소식이 끊겨버린다. 마고이치로 이외의 다른 사람들은 남아있는데, 그만 홀연, 사라져 버린 것이다.

당시 사이카 집단이 살았다는 사이카부락, 사이카라는 마을 이름은 아직까지 그 지방에 남아있었다. 와카야마성, 이 곳이 사이카의 본거지였다. 그런데 사이카부대의 대장 스즈키 마고이치로가 사야가라면, 그는 왜 조선에 투항했을까?

고사카 지로 : 주요 간부들은 여기저기 흩어져 있었다. 그래서 (히데요시가) 그 식량을 노리고 이 일대에 불을 질렀는데, 그 당시에는 대단했다. 움직이는 것은 개도 죽였다.

일본전역에 맹위를 떨치던 최강의 철포부대인 사이카집단은 전쟁 발발 7년 전, 히데요시군에 의해 초토화됐다. 사이카가 히데요시의 지배를 거부하던 영주와 친밀한 관계였다는 이유였다. 멸망한 사이카집단은 부락을 떠나, 전국에 뿔뿔이 흩어졌다.

그런데 사야가가 사이카부대의 대장 스즈키 마고이치로라면, 사야가가 가토 기요마사의 선봉장수였다는 모하당문집의 기록에 위배된다. 스즈키는 가토 기요마사의 부하장수가 아닌 것이다.

그런데 사야가가 가토 기요마사 휘하의 한 장수였다고 주장하는 교수가 있다. 서남대학교의 마루야마 교수. 그는 사야가가, 가토 기요마사 휘하의 장수 하라다노부타네라는 새 학설을 발표했다.

마루야마 교수 : 가토 기요마사의 출정군인에 대한 일람표를 살펴보았는데, 그 중에서, 마지막까지 살아남은 사람은 사야가가 될 수 없다. 전사했거나, 행방불명 된 사람 중에서 조사했다. 왜냐하면 마지막까지 살아남은 사람은 고향에 돌아가니까, 사야가가 아니기 때문이다.

그렇게 해서 남은 인물이 하라다 노부타네였다. 묘사는 가토 기요마사가 전쟁 후, 자신의 아버지를 기리기 위해 지은 사당이다. 바로 이 절 안에, 가토 기요마사군대의 진립서가 보관되어 있다.

이 진립서는 가토 기요마사가 조선 출병 1년 전에 작성한 것으로, 조선침략시 출병할 장수들의 명단을 기록해 놓은 것이다.

마루야마 교수 : 가토 기요마사의 진립서는 1592년 가토 기요마사가 제2진으로 나고야성을 출발해서, 조선에 상륙하는데 그때 가토 기요마사 쪽의 군진을 나타내는 그런 자료이다.

과연 사야가라는 이름은 있을까? 그러나 무장들의 명단에서 사야가의 이름은 찾아 볼 수 없다. 하라다 노부카네 역시 보이지 않았다. 진립서에 쓰여져 있는 여력(餘力 : 다른 곳에 있는 부대로서 유력한 장군에게 협력해주는 부대). 하라다 노부타네는 바로 이 여력부대에 속해 있었다.

마루야마 교수 : 여력에 속한 이름들은 여기서는 안쓰고 있다. 여력을 조사해보면, 여력의 맨 처음에 실려 있는 이름이 하라다 노부타네(사야가)다.

가토 기요마사 휘하의 여력부대 명단. 무사들의 이름 맨 위에, 하라다 노부타네라는 이름이 적혀 있다. 하라다 가문의 족보에도, 하라다 노부타네가 조선에 출병한 기록이 나와 있는데, 출병 후 그가 사라졌다는 기록을 발견할 수 있다. 조선에서 죽었거나, 혹은 투항했을 가능성을 말해준다.

하라다가 조선출병 전, 직접 작성한 자신의 부대구성원 명단. 거기에 그는 자신이 도요토미 히데요시의 명령을 받아, 조선을 정벌하기 위해 바다를 건너간다고 기록하고 있다.

그렇다면 사야가가 전수했다는 조총기술은 어떻게 설명할 수 있는가? 은서사문서는 그 의문을 풀어주고 있다. 그의 조선출병 부대원 중, 철포부대가 있었다. 그들을 데리고 투항했다면, 조총기술을 조선에 전수할 가능성은 충분하다.

하라다 가문이 살았던 마에바루시. 그곳에 하라다 가문이 세운 절이 남아있다. 절 안에는 하라다 집안의 묘지들이 있다. 그런데 하라다 노부타네의 묘지는 이 곳에서 찾아 볼 수 없다. 하라다가 조선에서 돌아오지 못했다는 족보의 기록을 뒷받침해 주는 것이다.

전국시대에, 하라다 가문은 대영토를 가지고 있었다. 그러나 히데요시군에 의해 정벌 당하고 가토 기요마사 휘하로 예속됐다.

전국통일을 꿈꾸던 히데요시가 큐슈지방을 차지하는 과정에서, 하라다 가문이 희생된 것이다. 히데요시는 전국통일과정에서, 하라다뿐 아니라, 많은 반 히데요시세력을 만들었다. 반 히데요시 세력인 하라다가 조선에 투항할 가능성은 충분한 것이다.

도요토미 히데요시는 조선침략을 위해, 나고야성에 30만 대군을 집결시켰다. 그리고 반란을 대비해, 이 곳에 전국, 영주의 아내들을 인질로 데려다 놓았다. 신변의 위협을 느끼는 와중에도, 히데요시는 대륙정벌의 야심을 구체화시켰다. 그러나 많은 영주들과 무사들은 조선침략을 반대했다.

사지마 아키꼬 교수(후쿠오카 여학원 대학 인문학부) : 영주들은 히데요시로부터 명령 받은 군인들, 전쟁에 참가해야 할 사무라이들을 모을 수가 없었다. 사무라이들이 가기 싫어했기 때문이다. 도요토미 히데요시의 명령으로 사무라이들은 전쟁에 나가야 했지만, 군인들을 출전시키지 않고 성에 틀어박혀있다가 히데요시로부터 처벌받은 영주들도 있었다.

반 히데요시 세력들은, 실제 반란을 일으키기도 했다. 나고야 성안에는 반란자들의 아내를 처형하는 처형장 자리가 남아있다.

나카자토 노리모토 (향토사학자) : 히데요시는 반란군을 두려워하고 있었다. 그것이 사실이 되어 일어난 것이다. 사츠마와 시마즈의 유력한 가신이 반란을 일으킨다. 그것에 대해 프로이스라는 선교사가 편지를 로마에 보내기도 했다. 그것을 보면, 반란자의 처가 나고야성에 인질로 있었는데 그들은 못박혀서 불태워진다.

나고야성에서, 반 히데요시 세력들도 억지로 조선에 출병해야 했다. 그러나 그들에겐 싸울 명분이 없었다. 반 히데요시 세력인 장수 사야가, 그는 출병 전 이미 투항을 결심한 것이다.

사야가(김충선)는 22살에 귀화한 장군

심수관 가문이 자랑하는 자기 · 1

달성군 가창면 우록리에 일본 이름 사야가(沙也加), 조선에 귀화하여 얻은 사성(賜姓)김해김씨 김충선(金忠善) 장군을 모시는 사당과 녹동서원이 있다는 것은 잘 알려져 있다.

김충선 장군은 1571년 일본(태어난 곳은 불명확)에서 태어나 1592년 22살로 가토기요마사의 좌선봉장으로 조일전쟁(임진왜란)에 참가하였으나 평소 조선이라는 나라가 예의와 문물을 중히 여긴다는 말을 전해 듣고 조선군사와 맞서지도 않고 곧바로 투항하여 일본군을 향해 총부리를 겨누는 항왜(降倭)군이 되었고, 조총을 만드는 기술을 우리 병사에게 전수하여 일본군을 물리치는데 큰 공을 세웠으며, 이괄의 난, 병자호란 등에도 참전하여 공신이 된 인물이다.

정2품의 정헌대부 병조판서를 지내고 72세까지 살았던 범상치 않은 귀화인이다.

김충선 장군의 12대 손이며, 종친회 회장으로 있으면서, 국비 등 58억을 들여 달성한일우호관을 지었다.

그는 또 우호관 전시물들을 알차게 꾸미기 위해 조선왕조실록과 승정원일기 등을 뒤져 김충선 장군 관련 기록들을 찾아내 정사로 밝혀내는 등 큰 업적을 남긴 당당한 명사였다. 전시물 가운데 특히 눈에 띄는 것은 가훈인데 "한 가지 덕을 닦아 후세에 백 가지 경사가 오게 하고, 한 가지 선을 행하여 자손들이 만 가지 복을 받게 하라." 덕과 선을 행하라는 가르침이다. 아울러 유언으로 전하는 게 '나서지 마라. 자랑하지 마라'라니 김충선 장군은 문무를 겸한 사람이 틀림없으렷다.

우호관은 2층으로 지어졌고, 영사실, 우리차 시음실이 있고, 각종 자료를 질서정연하게 전시하고 있다. 2층에는 김상보 종친회장이 일본을 드나들며 구한 일본의 민속품 등이 있다.

우호관 서편으로 녹동사란 현판을 단 사당과 일반 가정집처럼 단조로운 녹동서원, 충절당이란 현판을 단 전시실이 있다.

※ 김충선과 우록동이야기는 한 · 일 간 학계의 주장과 김씨 문중에 족보와 문집, 향토사학자, 기타 문헌을 참조한 내용임.

심수관 가문이 자랑하는 자기 · 2

심수관 가문이 자랑하는 자기 · 3

2. 임진왜란과 조선도공들

일본도자기를 논하려면 임진왜란을 배제하고는 그 설명이 불가능하다. 결론부터 말해서 당시 왜국엔 도요(陶窯)라는 게 없었기 때문에 포로로 끌려간 우리 도공들이 그것을 일궈냈고 또 그들 손에 의해 도자기를 구워냈기에 하는 말이다. 일본의 연호, 분로쿠(文綠) 게이죠(慶長)난을 도자기 전쟁이라 부르는 이유가 여기에 있다.

일본 침략군은 조선도공들을 끌어가 사무라이(武士) 대우를 하면서 자기를 굽게 했고 오늘에 와선 도신(陶神)으로 떠받드는 형편이다. 이 전쟁은 도요토미(豊臣秀吉)의 광적인 침략근성에서 나왔음은 더 말할 필요가 없다. 그는 전국시대를 마감한 영웅이지만 우리에겐 불구대천의 원수였다.

1590년 천하를 통일한 히데요시는 간바쿠(關白)자리를 양자 히데즈쿠(秀次)에게 물려주고 자신은 다이고우(太閤) 자리에 올라 야망을 불태우기 시작했다. 전쟁광인 그는 더 나아가 동북아 정벌이라는 가공할 작전을 세우는데 거기에는 까닭이 있었다.

천하를 통일했다지만 곳곳에 불만세력이 준동하자 이들의 견제를 위해 또 다시 전쟁을 서둘렀던 것이다. 그는 대륙(명나라)을 치려면 먼저 조선을 제압해야 할 필요성을 느꼈다. 이렇듯 전쟁수순을 밟아 가는데 그 대상을 조선으로 삼고 대마도 도주를 내세워 조선과 협상을 꾀했다. 여기서 명분을 내건 것이다.

명나라를 정복하려면 조선을 거칠 수밖에 없으니 길을 비켜달라고 협박을 하고 나섰다. 이때 우리 조정에선 연일 머리를 맞대고 논의했으나 길을 비켜준다는 건 무혈입성(無血入城)과 다를 게 없으니 그럴 수 없다는 쪽으로 가닥을 잡았다. 하지만 당시 조선의 국방력은 보잘 것 없는 수준이었다.

이것을 히데요시는 이미 간파하고 있었다. 우리 조정은 궁여책으로 수신사를 보내 히데요시의 의중을 타진하기로 작정했다. 세칭 조선통신사의 방일 행차가 그것이다.

조선통신사의 방일

조선왕조는 이때 난감한 처지에 놓일 수밖에 없었다. 조선과 명나라는 그런대로 우호를 누릴 때였고, 비록 조공은 바쳤지만 명나라는 조선에 대해 이렇다 할 강압은 가하지 않았다. 그러니 왜군에게 길을 비켜 준다는 건 의리에 반하는 일이었고 이를 정면으로 반대하면 왜국을 자극하는 꼴이 되어 난감한 처지에 놓여버렸다.

조정에선 오랜 궁리 끝에 교린수신사(통신사)를 보내기로 했다. 선조 23년(1590) 보빙(報聘)이라는 명분 아래 황윤길을 정사, 김성일 부사, 허성을 서장관(書狀官), 여타 수행원을 통신사로 보낸다. 다음해(1591) 음력 3월 통신사 편에 보내온 히데요시 답서에는 정명가도(征明假道)라는 글귀가 적혀 있었다.

이렇듯 침략의도가 분명한데도 우리 사신들의 보고는 일치하지 않았다. 정사 황윤길은 「반드시 병화(兵禍)가 있을 것」이라고 주장한 반면 부사 김성일은 「특이한 정황이 없는데도 황윤길의 장황한

보고를 해서 민심을 동요시킨다.」고 맞섰다.

조신(朝臣) 간에 의견이 갈리자 동(東)인 허신이 황윤길의 입장을 옹호했으나, 당시 조정세력의 중심에 있던 김성일(동인)의 주장에 동조한 것이다. 이 무렵 또 한 가지 웃지 못할 야사(野史)가 전해온다. 그들 통신사 중에는 사주관상에 능한 자들이 있어「도요토미」의 관상을 보고 침공여부를 예단했다는 풍문이 그것이다.

관상을 본 자의 말도 두 갈래로 갈렸다. 한편에선 도요토미 골상을 원숭이로 보았고 또 다른 수행원은 독사(뱀)상이라 했다. 그러니 원숭이나 뱀은 바닷물을 싫어하기 때문에 거친 물살(현해탄)을 건너오지 못할 것이라 주장했다. 참으로 어이없는 풍문이다. 이렇듯 우왕좌왕하는 사이 왜군은 부산에 상륙, 파죽지세로 이 땅을 짓밟기 시작했다.

두 차례의 침략에 선조는 왕궁과 백성을 버리고 북방으로 쫓기는 신세가 되었다. 의병과 이순신이 몸을 던져 나라를 지켜냈다는 건 알려진 사실이다. 거듭 말해서 임진란은 왜국이 한반도 선진문물을 약탈하기 위해 일으킨 전쟁이었다. 그래서 왜병들은 도공 이외에 금공(金工), 목공(木工), 석공(石工) 세공품의 장인(기술자) 등을 개몰이 하듯 끌어갔다.

일, 상류층은 도자기광(狂)

대체로 일인들은 서화(書畵)보다 도자기를 더 선호하는 경향이 있는데 이는 역사성 탓이라 보아야 한다. 중국과 한국 등 한자문화권에선 서화(書畵)를 중시하는 편이지만 일인들의 도자기 취향은 가히 광적이었다. 그래서 임진란 때 왜병들은 조선도공을 닥치는 대로 끌어간 것이다.

여기서 400여명의 도공을 놓고 영주들은 전리품을 손에 넣으려 혈안이 되어 있었다. 도공들은 이어 가마(요)설치를 강요받았다. 이때 7개 도요가 생기는데 아리타(有田), 사츠마(薩摩), 다카토리(高取), 하기(萩), 가라스(唐津) 등이 그 예라 할 수 있다.

그러나 조선도공들은 끝내 귀환을 못한 채 400여년간 그곳에 눌러앉아 오늘에 이른 것이다. 이중 대표적인 가마로는 「아리타」와 「사츠마」가 있는데 아리타요는 공주 계룡산 학봉리에서 잡혀간 이삼평(李參平)과 사츠마의 심당길(沈堂吉)은 전라도 남원성 함락 때 끌려간 장본인들이다. 이 두 가마(窯)는 지금도 일본 도요의 양대축(軸)으로 평가받고 있다.

그러나 이삼평과 심당길은 각기 다른 삶을 살아온 도공이었다. 심씨가 일군 「사츠마」 요에선 장식품 성격(예술)의 자기를 굽고 「아리타」는 시발부터 실용성에 무게를 둔 소위 왜기(倭器)를 양산해낸 것이다. 어떻든 조선도자기 앞에 영주(大名)나 거상(巨商)들은 미친 듯이 달려들었다.

거기에는 피처럼 아픈 역사적 배경이 도사리고 있다. 임진란 이전, 일본엔 변변한 식기(밥사발, 찻잔) 같은 게 없어 표주박 같은 목기를 이용하거나 왕대 마디를 잘라 밥그릇으로 삼았다. 어쩌다 중국자기나 조선의 사발을 손에 넣으면 그것은 신분 상승을 뜻하는 일이었다.

그때 조선 찻잔이나 도자기에 센노리큐(千の利休) 보증서만 붙으면 일개 성(城)과 천금을 아끼지 않고 손에 넣으려 눈에 불을 켰다. 그럼 「센노리큐」란 누구인가? 그는 승려였다. 「히데요시」의 다도(茶道) 스승으로 「무사도가 죽음을 미화(美化)시키는 것이라면 다도는 승화(昇華)된 삶의 경지」라고 설파한 다도의 선각자이기도 했다.

그는 또 와비차(わび茶)정신을 선양함에 있어 조선의 사발을 선택했다는 건 유명한 이야기다. 여기서 「히데요시」는 자기를 구워낼 도공이 왜국엔 없다 해서 조선도공을 수백 명이나 끌어간 것이다.

세계적인 도공 심수관

일본으로 끌려간 조선도공들은 그곳 영주 휘하에서 가마(窯)를 일구게 되는데 아리타(有田)와 사츠마(薩摩)가 대표적인 것으로 평가받고 있다. 아리타의 개조(開祖) 이삼평은 일본교과서에 줄곧 실렸으며 도신(陶神)이라 받들며 신사에 모셨다. 일본 명(名)으로는 「가키우에몽(柿右衛門)」으로 통한다.

반면 「사츠마」의 심당길(沈堂吉) 일가는 이와는 달리 15대까지 창씨를 거부하고 청송 심씨(青松沈氏) 혈통을 고집스럽게 지켜온 가문이다. 그러니 눈물겨운 이야기가 아닌가. 12대부터 심수관(沈壽官)으로 습명하고 있는 도공열전….

12대 심수관 도요를 찾아간 것은 지난 1975년 가을이었다. 지방지에서 「사츠마요」를 다룬 것은 아마도 필자가 처음이 아닌가싶다.

그때 일이 지금도 필름처럼 눈앞을 스쳐간다. 사츠마 도요에 대해 오랜 세월 필자는 나름대로 관심을 가져왔다. 뿐만 아니라 일본의 역사와 문화예술에 대해 탐사명목을 내세워 70여 차례 방일을 했으니 광적으로 매달린 셈이다.

조선도공들의 발자취와 애환을 취재하다보니 거기에는 눈물겨운 사연과 웃지 못할 일화가 있었다. 일본 지식층의 설명을 경청도 했고 일본 서적, 문예춘추(잡지)를 입수, 그 발자취를 추적해 보았다.

일각에선 「기자정신이 투철한 사람」 운운했지만 대부분 "미쳤어" 시키지도 않는 일에 매달려 일본을 파고들어 무엇을 어떻게 하겠느

나는 손가락질을 받아왔다.

75년 「심수관 도요」를 취재하고 난 후 몇 해 뒤, 한 · 일 친선 도쿄 대회 때 그를 만난 일이 있고, 한 번은 그가 서울(이천)나들이 때 유성호텔에 투숙, 필자를 찾은 일이 있었다. 공교롭게도 그때 필자는 국토통일원 강연 아니면 선진지 시찰로 출장 중이어서 만나지 못했다.

또 85년으로 기억한다. 필자가 근무하는 신문사에 버스 한 대가 들이닥쳤는데 「NHK 심수관 역사기행」이라는 대형 플래카드를 두른 관광버스였다. 그들 일행을 맞아 다과를 놓고 환담을 나눈 뒤 기념촬영을 한 일도 있다. 그들 일행은 다음날 남원산성으로 가는 코스였다.

심수관 가문이 자랑하는 자기 · 4

3. 조선도공들의 수난

임진왜란 때 끌려간 沈씨 일행들은 규수 남단「가고시마」해안에 표착했다.「사츠마」반도 서해안은 활등처럼 휘어서 기다랗게 남으로 뻗어 있고「하시마자키(羽島崎)」부터는 끝없는 모래사장이다. 여기에 후미진「구시키노」어촌이 나온다.

그리고 남쪽으론「시마비라(島平)」라는 인적 없는 해변이 펼쳐져 있다. 조선도공들은 이곳「시마비라」에 처음 표착했다. 그곳은「불러도 대답 없는」황량한 풍경이었으리라. 그들은「가고시마(鹿兒島)」가 어디인지 몰랐고 찾아갈 사람이 있는 것도 아니었다.

그저 흰 옷자락을 날리며 모래사장을 헤맬 뿐이었다. 병든 자가 쓰러지면 아낙네는 호곡하고 그 애절한 울음소리는 해변을 뒤덮었다. 어떻든 그들 도공들은「시마비라」에 표착했다. 모래사장은 여전히 그 모래사장이었다.

이를 견디다 못한 그 중 몇 사람이 타고 온 뱃전에 매달려 '미친 듯이 배를 바다에 띄웠지만 삭은 배는 물결에 밀려 다시 제자리로 돌아왔다.'고 전한다. 망향의 슬픔은 그들 각자의 집에 전승되어 지금도 가령(家靈)처럼 숨 쉬고 있을 것이다.

도중 병이 난 몇 사람은 이 모래사장에서 숨졌다. 일행은 유해를 언덕 위 솔밭 그늘에 묻었다. 죽은 이의 이름을 새긴 비(碑)는 지금도 남아 있다. 그러나 언제까지 거기에 머물 수만은 없었다.

그 들판은 인적이 없는 황무지였다. 그들은 허가 없이 언덕에 오두막을 짓고 밭을 일궈 곡식을 얻어야 했다. 다음 그들이 할 수 있는 일은 도자기를 굽는 일뿐이었다. 마치 그것이 본능인 것처럼 가마를 쌓고 산속에서 흙을 찾아내 그릇을 굽기 시작했다.

지금은 「모도츠보야(舊壺屋)」라는 이름만 남아 있으나 8년간을 그렇게 지냈다. 「사츠마」영주의 정치는 「애도(江戶)」 중기 때의 협량(峽量)과는 달리 매우 너그러운 것이었다. 소문은 그 일대에 파다했다. 도공들은 광택이 나는 이상한 것을 굽고 있었다.

그래서 차츰 근처의 백성들이 구경하러 오게끔 되었다. 그러나 말이 통하지 않아 무턱대고 일터 안에 뛰어 들어왔다. 도공이 틀 위에 흙을 놓고 「녹로(轆轤)」를 돌리자 틀 위의 흙은 어느새 그릇 모양이 된다. 원주민들은 하도 신기해서 손으로 그것을 만져 보곤 했다.

원주민들의 작업 방해

거의 매일 같이 그런 일이 되풀이되었다. 말려도 통하지 않아 손짓발짓에 떠밀고 큰 소리를 치자 토민(土民)들은 떼 지어 몰려와 오두막을 허물어 버리고 갔다.

후일 「시마츠」 관원이 이를 기록하기를 「원주민들이 번번이 흙발로 일터에 들어와 작업을 방해하자 언어불통(言語不通)이라 하릴없이 손을 들어 그자들을 밀어냈다. 주민들은 그 날로 무리를 지어 일터에 난입, 보복을 했다」고 전한다.

이는 「게이죠」 8년 12월의 일이다. 한인들은 그들의 압박에 못 이겨 유랑(流浪) 길을 떠나야 했다. 그러나 도공들은 「가고시마」 부성(府城)에 호소할 길이 있다는 것을 알고 있었다. 이때 장로(長老)가 앞장섰다. 그러나 이동이 급했다. 동지선달 모진 추위 속에 제 각기 등에 짐을 지고 자리를 떠나야 했으니 사정은 매우 절박했다.

그들은 내륙지방 동쪽을 향해 길을 걸어갔다. 그러나 불과 20리도 채 못가 앞서가던 이가 탄성을 올렸다. 그 탄성은 차차 뒤쪽으로 퍼져나갔다. 고향산천과 너무도 닮아 있는 것이다. 활짝 열린 하늘아래 밋밋하게 엎드린 언덕, 드문드문 서 있는 소나무, 우거진 잡목, 고향인 남원성 밖과 너무도 흡사했다.

다행히 그곳도 황무지였다. 왜인도 보이지 않아 이곳을 제2의 거처로 삼자고 장로가 말했다. 바로 그곳이 「나에시로가와(苗代川)」였다. 「사츠마」에선 이곳을 「노시로코」라고 부른다. 내도 없는데 내천(川)자가 붙은 것은 어떤 연유일까.

지하수도 귀했다. 우물을 파도 좀처럼 수맥이 나타나지 않는 걸 보면 옛날부터 사람이 살지 않았는지 모른다. 번(藩)의 기록은 이때 도공들의 모습을 이렇게 남기고 있다. '나무 밑에 의지하는 그 정경이 매우 처량했다. 여기서 꽤 멀어진 곳에 왜인들 부락이 있었다.

마을 사람들은 도공들에게 이따금 먹을 것을 주었다하니 바닷가 주민과는 딴 판으로 인정이 야박하지 않았던 것 같다. 기록에는 또 '도공들은 그 후 오두막을 짓고 인근 농가에 의지, 약 3년을 지냈다'고 적혀있다.

약 3년이란 어정쩡한 숫자. 「가고시마」의 관(官)이 도공들에게 이토록 무심했던 것은 무슨 연유였을까. 그 하나는 당시 「사츠마」 위정자는 군사와 외교엔 기민했으나 산업, 행정에 깊이 관여하는 습관이 몸에 배어 있지 않았다는 걸 의미한다.

君父의 원수와는 '불구대천'

이곳 「나에시로가와」 실정이 마침내 「시마즈」 번주(藩主)의 귀에 들어갔다. 당초에는 불쌍하다는 생각으로 '그들을 모두 가고지마 성내에 거주토록 하라. 주거도 제공하고 보호해주도록.' 그러나 이 명을 받은 관원이 도공촌을 찾았으나 뜻밖에도 그들은 이 호의를 받아들이지 않았다.

"높으신 은혜 고맙기 그지없사오나 '가고지마' 성내에는 아니 가겠습니다." 장로가 그들을 대표해서 거절했다. 도공들이 완고하다는 걸 듣고는 있었지만 이 말에는 관원도 아연 실색했다. '위의 명령이시다.' 으름장도 놓아보았으나 끄떡도 하지 않았다. 관원이 돌아가 그 사유를 분명히 알기 위해 통역을 대동하고 다시 마을로 돌아왔다.

이보다 앞서 「가고시마」 성내에는 또 다른 경로로 이 나라에 온 한인이 상당수 살고 있었다. 관에서는 이 거리 한 구역을 「고려마을(高麗町)」이라 하여 거주지로 정했다. 통역도 그들 중 한 사람이었다. 도공들은 「주가전(朱嘉全)」이라는 자가 있다고 들었다.

그는 반역자였다. 군부(君父)의 원수와 한 하늘 밑에 살 수 없다고 장로들은 가공할 말을 했다. 그들이 말하는 반역자 「주가전」은 같은 전라북도 남원태생으로 관의 녹을 먹던 자였는데 「시마즈」군이 침공하자 동족을 버리고 그들에게 길안내는 물론 성안 사정을 고자질한 자였다.

싸움이 끝나 왜군이 철수할 때 「주가전」은 당황했다. 모국에 남아 있으면 죽음을 면치 못한다고 「시마즈」에게 호소, 그의 가신(家臣)이 되어 일본에 건너와 일본 성(姓)까지 얻어서 「가고시마」에 살고 있었다. 그 소문을 장로들은 알고 있었다.

'이 초라하기 그지없는 자들에게 저렇게 서릿발 같은 감정을 지니고 있을 줄이야!' 관원은 간담이 서늘해졌다. "또 하나의 이유는?"하고 거듭 물었다. 장로들 표정이 갑자기 흐려졌다. '고향이…. 고향이 그립소이다.' 그 말을 들은 관원은 한인들이 단순하다는 생각에 마음 놓고 무릎을 부채로 탁 쳤다.

"들으라, 이곳서 「가고시마」까지는 겨우 60리, 그 60리 이편이면 망향의 정이 달래지고 60리 저쪽이면 그게 안 된다니 지나친 응석이 아니냐?"고 다그쳤다. 장로들은 고개를 저어 그게 아니라고 항변했다. "저 언덕을 보시오. 언덕의 이름은 「산지라쿠(山侍樂)」라고 하오." 그들은 말하기를 저 언덕에 오르면 동지나해가 보인다며….

陶土를 찾아 자기를 굽다

그 아득한 저쪽에 조선의 산하가 있다. 우리는 천운(天運)을 놓쳐 조상의 무덤을 떠나 이 나라에 끌려왔으나 저 언덕에 제단을 모시고 제사를 지내면 먼 조국의 산하도 감응하며 그곳에 잠든 조상의 넋을 달랠 수도 있으리라. 눈물을 글썽이며 그렇게 말했다.

이에 관원들은 할 말을 잊었다. 그대로 「시마츠」 공에게 전할 수밖에 없었다. 그즈음 「시마츠 요시히로」는 「가지키(加治木)」 성관(城館)에 있었다. 관원의 보고를 듣자 의외로 화도 내지 않고 무릎을 치면서 그들이 그런 생각을 가지고 있었던가. 하면서 다시 영을 내렸다.

"그렇다면 「나에시로가와」에 토지와 집을 주라. 녹(祿)도 주고 부족한 점은 언제나 말하도록 일러라." 이로 인해 그들 「시마비라」 표착민 열일곱 성(姓)의 신분이 결정되었다. 「조선계열」이라는 호칭 아래 계급을 껑충 올려 무사(武士)와 동급으로 예우(禮遇)한 것이다.

대문을 둘 것과 담을 쌓을 것을 허락했고 그 위에 「무도(武道)」 사범에 입문할 수 있는 자격도 부여했다. 단 무사라고는 해도 군역(軍役)에 복무할 의무는 없고 의관(醫官)과 동격으로 이를테면 비전투원인 향사(鄕士) 대우를 받게 된다.

그들 도공의 작업이 시작됐다. 우선 도토(陶土)와 유약(釉藥)의 원료인 돌을 찾는 일이 급선무였다. 그러나 그것이 좀처럼 발견이 되지 않았다. 그들은 '조선이나 중국과 달라 이 나라 산하에는 그런 흙이 없는 것이 아닐까' 해서 한 때 실망상태에 빠지기도 했다.

이 무렵 「시마츠」공은 이상하리만큼 그 일에 관심을 보였다. '나라 안을 샅샅이 파헤쳐보라.'고 영을 내려 지리에 정통한 관원을 도공마을로 보내 함께 도토 탐색에 나서도록 했다. 마침내 이 방면에 가장 노숙한 '박평의(朴平意)'와 그 아들 '박정용(朴貞用)'이 그 흙을 찾아냈다.

백토(白土)였다. 조선 원래의 백자를 만들어내는 그 흙이 「이부스키군(揖淑郡)」, 「나리카와(成川)」 마을과 「가와베군(川邊郡)」, 「가세다(加世田)」 마을 「교오노미네(京の峰)」에서 발견되고 유약에 쓰일 돌과 졸참나무도 같은 「이부스키군」 「카고무라(鹿籠村)」에서 찾아냈다.

'박평의'가 그 흙으로 백자를 구워 상납하자 「시마츠」는 크게 기뻐하며 '조선 것과 비슷하다'고 했다. 흰색은 이조자기의 특색이다. 난백(卵白), 회백(灰白)이 있어, 그 어느 것 할 것 없이 흰색에도 이렇게 복잡한 색상이 있나 싶도록 감칠맛 나는 빛깔로 이조 전기(前期) 것을 구워냈다.

그러나 '박평의'가 구워낸 「시로사츠마(白薩摩)」는 「시마츠」 공의 말대로 비슷하기는 하나 이조(李朝)의 그 흰 빛깔은 아니었다. '박평의'는 할 수 없이 도기(陶器)를 구워낼 때 이 백도(白陶)를 가능한 한 백자에 가깝도록 하기 위해 살갗을 엷게 했다.

이 때문에 이조가 개척한 흰 빛과는 다른 전혀 독자적인 이른바 「시로사츠마」를 '박평의'가 이루어냈다. 「시마츠」는 그것을 대량생산해서 새 시대의 지배자 '도쿠가와 이에야스(徳川家康)'에게 헌납했고 그 밖에 여러 다이묘(大名)에게 선물로 보냈다.

심수관 가문이 자랑하는 자기 · 5

심수관 가문이 자랑하는 자기 · 6

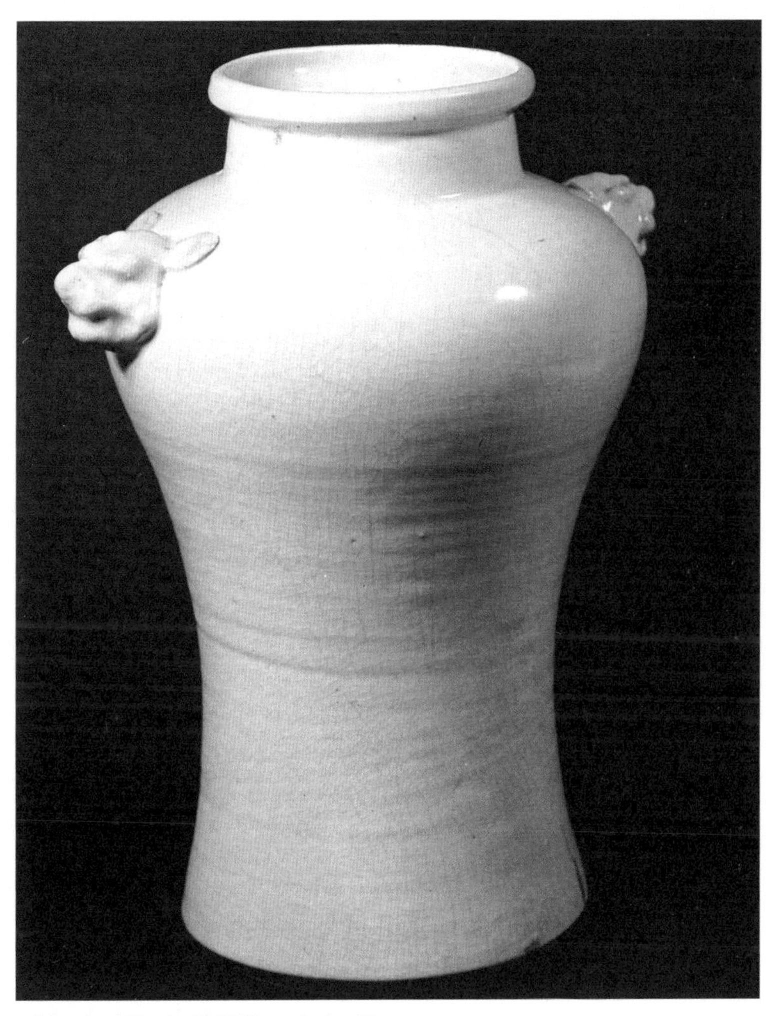

심수관 가문이 자랑하는 자기 · 7

4. 남원성과 심당길

조선도공들이 일궈낸 「사츠마요」는 「시바료타로(司馬遼太郎)」의 소설로 더욱 유명해졌다. 1923년생인 그는 오사카 외국어학교 몽골어과를 나와 1960년 「나오키상(直木賞)」을 받은 바 있다. 또 66년엔 「國盜이야기」, 「龍馬는 간다」로 「기쿠치(菊池寬)」상까지 수상했다.

또 72년에는 「요시카와(吉川英治)문학상」을 받았으며 역사소설로 양명한 그는 32권의 소설집을 갖고 있다. 그의 소설 「고향을 어찌잊으리까」는 「사츠마」도요와 심수관 가계(家系)를 다룬 작품이다. 심수관씨 말을 들어보면 「시바」의 소설내용과 일치한다. 그러니 뛰어난 실록소설인 것이다.

그 소설 속으로 들어가 보자. 임진왜란을 「도자기전쟁」이라 부르며 '도요토미(豊臣秀吉)'가 그 중심에 떠오른다. 「분로쿠(文祿) 게이죠(慶長)」 전쟁…. 이를 '도요토미'의 침략근성에서 비롯한 것이라 규정하지만 이면엔 기막힌 음모가 도사리고 있다.

천하통일을 했음에도 지항세력이 들끓어 이를 삼재우기 위해 외정(外征)전략을 썼다는 이야기다. 그러니 내부 결속과 반항세력을 잠재우기 위한 고도의 작전이었다. 그래서 '역사란 이성(理性)의 간지(奸智)'라 말하는지도 모른다. 외정을 부추긴 자는 놀랍게도 외국이었다.

일본과 '무기거래(조총)를 해온 포르투갈 상인이 그 장본인으로 알려져 있다. 그 결과 한국도공과 인쇄, 기술자를 닥치는 대로 납치해갔다. 그래서 5~6만명의 양민과 유학자, 활판(活版)기술자, 도공들이 포함되었다. 어떻든 일본도요 시조는 조선도공들이다.

조선도공은 일본의 도조(陶祖)

일본 도요의 양대 산맥하면 전라도 남원에서 납치된 심당길 가문 즉 「사츠마요(窯)」와 공주 계룡산 입구 학봉리에서 끌려간 '이삼평'이 일궈낸 「아리타」를 꼽는다. 조선도공들이 개설한 가마는 여러 곳에 있다.

예를 들면 호소카와(細川) 땅의 「아가노야키(上野燒)」, 구로타(黑川)의 「다카도리야키(高取燎)」 시마즈(島津)의 「사츠마(薩摩燒)」 가마가 이에 해당한다.

일본도요에 혁명적 과업을 이뤄낸 건 바로 이삼평이다. 그는 처음엔 「가네가에삼베(金江三兵衛)」라 했다가 훗날 「가키우에몽(柿右衛門)」으로 개명을 하게 된다. 현재 「아리타(有田)」에선 그를 도신(陶神)으로 모시고 있는 전설적 인물이다.

처음엔 도자기를 굽기 위해 흙을 찾아 헤매다 「가미시라가와(上白川)」, 「뎅구(天狗)」 계곡에서 태토(胎土)를 발견 그곳에 가마를 일구고 도자기를 구워냈다. 각종 사료를 종합해 볼 때 그 시기는 1616(元和 2년)으로 추정된다. 이에 대해 이설이 없지 않으나 여러 고요(古窯)를 조사한 결과 6개의 「승염식(乘炎式)」 요가 있었다는 것이다.

그것은 17세기 초의 일이었다. 「아리타」에선 '청화백자'를 구워내어 수출산업에 크게 이바지했다. 그것은 「모모야마(挑山)」에서 「에토(江戶)」로 넘어가는 시기를 말한다. 그러나 「나베지마」 사료(史料)에는 조선도공 이전에 일본인이 「덴구」 계곡에 가마를 설치, 「낭킨야키(南京燒)」를 생산했다는 기록이 있으나 현지에선 「아리타」요는 '이삼평'이 시조라 믿고 있다.

「이마리야키」도 사료비판과 고고학적 조사라는 두 갈래 측면에서 아직은 정답을 얻지 못하고 있다. 거듭 말해서 초창기 「이마리야키」의 양식과 원형이 언제 어떻게 수용, 독자적인 작품을 냈는지 미술사적 고찰은 미완(未完)의 장으로 남아 있다는 이야기다.

도요의 효시는 중국 상서성 「경덕요지(景德鎭)」로 '청화백자'를 구워낸 건 원나라(元) 후기인 14세기라 한다. 이후 경덕요는 명청(明淸)시대에 걸쳐 청화를 수출하기에 이르렀다. 남빛 무늬의 그 찬란한 청화는 조선, 베트남, 이란, 터키, 이집트, 네덜란드 등에 큰 영향을 끼쳤다. 여기서 일본 자기는 수출의 총아로 한 몫을 하게 된다.

남원성과 심당길

심수관씨는 먼 옛 조상이야기는 즐기질 않는다. '청송 심씨'라는 것 이외엔…. 입에 올리는 건 임진란 당시 남원성에서 잡혀와 규슈(九州)남단 「가고시마」에 표착한 14대조 심당길부터 역사풀이는 시작된다. 중국의 도요나 유럽 것에 앞서 「사츠마」요 설명이 더 시급하고 절실하기 때문일 것이다.

'고향난망(故鄕難忘)'이란 표현도 관향 '청송'이 아니라 남원성(南原城)을 지칭하는 말이다. 심씨 설명과 '시바'의 소설에 나오는 남원을 찾아가 보자. 남원성 동쪽에는 '운봉오령'과 남으로는 '삼랑대강'이 흐르고 북쪽에는 '노령산맥'이 하늘을 찌른다. 임진왜란을 일인들은「고려진(高麗陣 또는 文錄, 慶長)」이라 부른다.

그때 조선 도독(都督) 유정은 본영을 성주에서 남원으로 옮겼다. 남원은 교통의 요충지로 전라도와 경상도 군대를 지휘하기 편리한 곳이라고 명나라 기록에도 나와 있다. 왜군 재침 때 명나라 군대는 전라도 수비의 요새로 남원성을 선정, 파손된 부분을 수리하고 성벽을 높이는 한편 성문에 대포 삼좌(三座)를 배치했다.

—'적(賊)이 진군하여 남원성을 에워싸다'라고 조선 '징비록'은 밝히고 있다. 왜군은 '게이쬬' 2년(1587년 8월 1일) 공성루(攻城樓)를 짜 올린 다음 성벽을 향해 공격을 개시 15일에는 남원성내 일각에 돌입했다.

—왜군 드디어 성을 유린, 성내가 크게 혼란하다.(징비록) 한국 측 무장 김효는 한발 앞서 남문 밖 양마장에서 적을 방어하고 있었으나 남원성이 함락되었다는 급보에 성안으로 달려오자 이미 명나라 군대 모습은 보이질 않았다.

김효가 크게 놀라 북문에 이르니 성문은 열린 채 명나라 군대는 조선군을 버리고 도망치고 있었다. 이때 조선은 의용군을 편성 '곽재우'가 조선 전통의 전법에 따라 남원 부근 창녕 '화왕산성'에 은거 농성을 했지만 왜군이 이를 감지 못하고 지나치는 통에 격돌은 없었다.

「사츠마」도공들의 선조는 남원성에서 크게 분전한 것으로 전해오지만 구체적 내용은 확인된 것이 없다.

심수관 가문이 자랑하는 자기 · 8

이순신 대승을 거두다

2차 침공 때 도요토미가 죽자 왜군의 사기는 크게 꺾여 강화(講話)가 성립되었다. 10월 25일, 그간 해상에 머물던 왜군이 순천성(順天城)에 주둔한 고니시(小西行長)와 합류하려던 「시마즈(島津)」군이 노량해상에서 이순신에게 크게 패했다.

—왜(倭) 원래 수전(水戰)에 익숙지 못해 많은 군선이 소침되어 그 불길은 적벽과 흡사하도다. 배를 버리고 언덕에 오르는 자 있으나 아(我) 육군에 추격되어 다시 해구(海口)로 나오다 양로(兩路)를 협공 당해 익사하는 자 만(萬)이 넘도다.

명나라 문헌에 기록된 내용이다. 우리 측 기록은 어떠한가.

—대낮 적군 크게 파하며, 아군 추격에 적선 200여 척을 불사르고 물에 빠진 자 부지기수요, 「시마즈」군은 50여척으로 간신히 탈출하다. (징비록)

이에 대한 「시마즈」기록도 거의 같다. 그들이 「가라즈(唐島)」 기지로 귀환했을 때 선체는 파손되고 선체의 양현(兩舷)에는 수없이 많은 화살이 꽂혀 마치 '고슴도치' 같았다고 했다.

이때 왜군이 다투어 철수하는 바람에 서로 교신할 겨를이 없었다. 이때 도공들의 처지는 어떠했겠는가. 4척의 배에 수백명의 도공을 분승시켰는데 어느 군단 지휘 하에 속했는지 알려진 바가 없다. 이 점에 대해 심수관씨는 어찌 되어 「사츠마」에 40여명 도공만이 표착했는지 모른다고 했다.

왜군은 하카다(博多) 만에 귀환했는데, 유독 심당길 일파 남원성 포로들만 규슈 남단「가고시마」에 표착한 것이다. 풍랑에 의해 분산되었는지 아니면 '나베지마'와 '시마즈', '가토' 등 적장들의 사전협의에 의한 것인지 모른다는 이야기다.

왜군이 퇴각할 때 배가 텅텅 비어 조선도공과 인쇄기술자, 약탈문화재를 실어 선박운행을 도왔다는 설이 있다. 어떻든 일부 도공들은 가까운 '가라즈(唐津)'나 '나고야(名護屋)', '하카다(博多)' 아닌 동지나해를 거쳐 규슈 남단으로 표착했다고 전해온다.

하지만 이 전설엔 설득력이 없다. 풍랑을 만나 남쪽으로 표류했다는 게 바른 추측일 것이다. 그들 도공은 처음에 '시마바라'에 표착했다. 불러도 메아리 없는 황량한 해변, 그러니「가고지마」라는 지명을 알 까닭이 있었겠는가.

어느 누구를 찾는 것도 아니고 가야할 방향도 모른 채 한복 차림 흰 옷자락을 휘날리며 그저 걸었을 뿐이다. 그때 풍랑에 시달려 신음하던 일행 중 몇 사람이 도중에 쓰러졌다. 그들은 그 유해를 해변 언덕 소나무 밑에 묻고 명복을 빌었다.

이들은 오늘의「구시키노시(串木野市)」와「이치기마치(市來町)」를 거쳐「나에시로가와(苗代川)」에 이르러 가마를 열었다. 그들 17성(姓)은 申, 朴, 卞, 林, 鄭, 車, 姜, 陳, 崔, 盧, 沈, 金, 白, 丁, 河, 朱 등이다. 처음엔「구시키노」에 가마를 열었으나 원주민의 방해로「나에시로가와(苗代川)」로 자리를 옮겼다.

이「나에시로가와(苗=나에)」란 우리말의 '내'라고 했다. 이 마을은 지금도 대나무 숲에 쌓여 있다. 이때부터 도공들은 가시밭길을 걸어야 했다. 이조백자, 분청사기를 구워내라는 추상같은 영주의 명령과 인근 주민들의 박해를 견디며 전전긍긍했던 도공들의 신세는

참으로 비참한 것이었다.

자기를 굽는데 필수적인 것은 ① 흙(태토) ② 불 ③ 유약 같은 게 있어야 한다. 전란 때 일부 도공들은 조선 흙을 가지고 간 것으로 알려져 있다. 그러나 이삼평(아리타)과 심당길 일행(사츠마)은 흙을 찾으려 꽤나 애를 썼다는 기록이 나와 있다. 그렇게 고생을 한 도공들은 오늘에 와서 일본의 도조(陶祖) 또는 도신(陶神)으로 추앙받고 있다.

심수관 가문이 자랑하는 자기 · 9

심수관 가문이 자랑하는 자기 · 10

5. 단군전(檀君殿)이 교쿠상구우(玉山宮)로

심수관씨와 차를 나누며 필자는 물었다.

安 선생 댁은 마치 한옥 같은 분위기 같습니다.

沈 손님들이 자주 그런 말들을 하죠.

安 400년간 창씨(創氏)를 않고 어떻게 견뎌냈는지 궁금합니다. 저쪽 아리타(有田)에선 납치 당시 가키우에몽(柿右衛門)이라 개명을 한 걸로 압니다. 같은 여건이었을텐데?

沈 이삼평씨에 관해선 되도록 말을 삼가렵니다. 어떻든 저의 조상님들의 긍지는 대단하셨죠. 아니 사츠마요(窯) 도공전체가 그러했습니다. 심씨, 박씨, 정씨 신씨 등 40여 도공들은 혈통보존에 힘써오셨지요. 그러나 명치유신(明治維新)을 맞아 모두 창씨개명을 했는데도 저의 가문만은 그것을 거부, 오늘에 이르렀습니다.

安 그때 단군전(檀君殿)이 「교쿠상구우(玉山宮)」로 개명된 걸로 알고 있습니다만?

沈 거기까지 알고 계시군요.

安 서울에 오신 적이 있으시죠?

沈 두 번 다녀왔습니다. 그는 차를 드시라며 "어떻게 단신으로…." 하며 필자의 얼굴을 바라본다.

安 창백한 일개 뉴스메이커가 어찌 수행원을 거느리겠습니까?

沈 딴 뜻이 아니고 취재하는데 외로운 듯싶어서…. 여기서 필자는 화두를 바꾸었다.

"선생께선 글 솜씨도 타고나셨더군요"했더니 무슨 뜻이냐는 듯 이쪽을 쳐다본다.

安 도쿄에서 발간하는 「붕게이순슈(문예춘추)」에서 봤습니다. 「조상에게 도전한다」는 글을 읽고 감탄했습니다.

沈 부끄럽습니다. 졸필인 것을….
내 방 「논설위원실」에선 「문예춘추」 그리고 「매일신문」을 구독하고있지요. 아쿠다가와상 수상 작품 등을 나 개인이 구독하고 있지요.

沈 그러셨군요.

安 그래서 이시하라 신타로의 「태양의 계절」, 이노우에 야스시의 「풍도」, 기쿠치캉의 「뭍의 인어」 시집도 심심치 않게 애독했지요.

沈 어쩐지 전화를 주실 때부터 여유 있는 억양이다 싶었습니다.

이튿날은 그의 작업장과 가마 그리고 아래 위층에 소장한 선대들의 작품을 감상할 수 있었다.

심씨 14대까지의 작품은 박물관 또는 전시관에 따로 보존하고 있을 법한데 그게 아니었다. 그것들은 모두 심씨의 살림집 1, 2층에 자리하고 있는 게 아닌가. 다소 의외라는 생각이 들었지만.

그것이 부자연스럽지 않다는 생각이 드는 것은 무엇 때문일까. 되레 훈훈하다는 느낌이다. 어느 것은 탁자 또는 실내 중앙, 그리고 창가에 배열해 놓았다. 넓은 공간이 아닌데도 조화롭고 자연스럽게 놓여 있다.

안내하는 심씨에게 "살림집이 아니라 유서 깊은 박물관이군요." 심씨는 가끔 그런 말을 듣는다고 했다.

도자기와 미술에 대한 전문성이 없는 필자지만 이들 작품 앞에 서니 전율 같은 걸 느끼는 것은 무엇 때문인가. 이웃에 있는 작업장엘 가보니 흙으로 빚은 여러 유형의 토기들이 가마에 들어갈 준비를 하고 있는 모양새다.

심씨는 얼마나 심혈을 기울였을까 짐짓 생각해본다. 가마 앞에서 설명을 듣다보니 생소한 어휘가 적지 않다. 그래서 그에게 이렇게 물었다.

安 조선말로 이어오는 것이 있습니까?

그는 짐짓 숨을 돌리더니 이렇게 답한다.

沈 많이 소멸해버려서…. 머뭇거리더니 작업을 할 때나 불타는 가마를 지킬 때 깔고 앉는 의자라고 하기에는 그렇고 깔판 그것을 「안지루동」이라 말합니다.

그 다음 땔감, 장작을 「칙순」이라 말하면서 심씨는 내 얼굴을 바라본다. 자신이 없다는 표정이 분명하다. 필자는 그 말에 이렇게 토를 달았다.

安 한국에 「칙순」이라는 것이 있는데 이것은 일본어로 「구스」라고 하지요. 그렇다면 장작과 「칙순」은 전연 상반된 어휘지요.

이래서 우리 두 사람은 서로 엉거주춤한 표정을 지었다.

安 박정희 대통령도 만나셨다고요?

沈 지금도 그 분 인상이 눈앞에 아른거립니다. 정문에서 "어서 오게나!" 맞아주시며 저를 덥석 끌어 안으셨어요. 체온이 제 가슴

에 닿는 순간 친형님 같다는 느낌을 받았습니다.

安 청와대에서 정담이 오고 간 걸로 압니다만.

沈 대통령께서 이런 말을 하셨습니다. "내가 도와줄 테니 한국으로 돌아오라"고….

安 그래서요?

沈 각하의 뜻은 고맙지만 완곡하게 거절했습니다. 한국에 돌아온다고 아픈 역사(임진란)가 치유되는 것도 아니고, 현재 자신은 일본에서 도조(陶祖)행세를 한다고 했지요. 그리고 한국도 이젠 「한강의 기적」을 이뤄 잘 살고 있는 만큼 4대양 5대주로 진출해야 할 판이니 귀소(歸巣)란 의미가 없는 것 아니냐고….

청와대 만찬에서 박대통령의 청렴성을 절감했다고 沈씨는 말한다. 마른안주에 막걸리(マッカリ)가 나와 꽤나 마셨던 것 같다고 회고했다. 그때 박대통령이 노래를 불렀는데 곡목은 「보리와 군대(麥と兵隊)」라는 일본 군가를…. 아마도 젊은 시절의 추억 때문이었을 것이다.

이 말을 듣는 순간 필자는 이런 생각을 해보았다. 체통 없이 일본 군가를 부르다니. 18번이라는 「황성옛터」도 있지 않은가 하고…. 이 대목은 「시바료타로(司馬遼太郎)」의 소설에서도 나온다. 훗날 필자는 등산길에서 우연히 이 말을 했다가 낯선 등산객과 말다툼을 벌였다.

그 사내는 그럴 리 없다며 필자에게 대들었다. 민족의 지도자를 폄하한다면서…. 이쪽도 반격에 나섰다. 그런 식으로 받드는 건 옳지 않을 뿐만 아니라 논리의 비약이라 받아쳤다.

박대통령의 치적, 청렴성, 가난을 이겨낸 철학 같은 걸 내세워야지 있는 사실(작은 일)을 은폐, 과대 포장하는 건 옳지 않다고 말이다. 그 사내는 또 「여수 순천반란」을 진압한 것이 박대통령이라고 언성을 높였다. 그는 뿐만 아니라 청와대에 앉아 박대통령이 「보리와 군대」를 불렀다는 증거를 대든가 아니면 책임을 져야한다고 흥분을 했다.

60대 중반으로 보였으나 건장한 남자다. 그 증거를 가져올 테니 내일 이 자리에서 만나자고 필자도 맞섰다. 기행문(심씨의 말)과 「시바료타로」의 글을 증거로 내세울 생각에서 그렇게 말했다. 하지만 이튿날 그 장소엘 가보니 상대는 보이질 않았다.

沈씨의 서울대 강연

沈씨는 서울대에서 강연을 했다며 그때 일을 이렇게 회상했다. 임진란 때 끌려간 도공들의 수난과 사츠마 도요이야기를…. 강연이 끝나자 한 학생이 벌떡 일어나더니 일제 36년, 피압박 사례를 열거하며 일본을 성토하고 나섰다.

이때 沈씨는 마이크를 다시 잡고 "36년간의 피압박 참상을 나는 압니다. 하지만, 우리 도공들은 36년 아니 360년간 14대를 그렇게 살아왔습니다!"고…. 이 말에 장내는 물을 뿌린 듯 분위기가 조용해졌다. 이때 누군가의 선창에 따라 학생들이 합창을 하는 것이었다. '엉새들은 분위기를 바꾸는데 남다른 솜씨가 있구나'하고 감탄했다는 심씨.

노란 셔츠 입은
말 없는 그 사람이
어쩐지 맘에 들어
미남은 아니지만

씩씩한 생김생김
어쩐지 맘에 들어

가사내용은 잘 모르나 한 때 일본에서 유행했던 노래다. 어째서 학생들이 이 노래를 부르는 것일까? 영문을 몰랐지만 沈씨 자신이 노란 셔츠를 입고 있었다는 걸 뒤늦게 깨달았다. 필자는 말을 바꿔 沈씨를 향해 물었다. 벽에 걸린 망건(網巾)을 가리키며….

누구 것이냐고 묻자 200년은 되었을 것이라며 몇 대조 할아버지 것인지는 모르나 어떻든 신주단지처럼 소중한 가보라고 했다. 말총으로 짠 망건…. 머리때가 쪼르르 흐를 것만 같은 그런 망건이다. 이때 沈씨는 벌떡 일어나 벽에 걸린 망건을 가져다 찻잔 앞에 내려놓았다. 그의 눈은 벌겋게 충혈되어 있는 것을 느꼈다.

「檀君殿」의 내력

沈씨의 설명 도중 필자는 자주 화두를 돌려야 했다. 묻고 싶은 이야기가 많기 때문이다.

安 「교쿠상구우(玉山宮)」내력을 듣고 싶은데요?
沈 거기엔 기막힌 사연이 숨어 있습니다.

심씨 설명을 들어 보자. 당초엔 단군전(檀君殿)이었으나 명치유신 후 폐쇄명령이 내려졌다. 일본 군벌이 「단군」이란 조선의 사교라며…. 이때 도공들은 대책을 논의한 끝에 「교쿠상구우(玉山宮)」라 명칭을 바꾸고 일본의 건국신 「니니기노신(尊)」을 모시기로 했다.

「니니기노신」하면 일인들도 도래계(한민족)라 믿고 있다. 잡혀온 도공들은 고향이 그리울 때면 이 산에 올라 고향 쪽을 향해 향수를 달랬다. 헌데 묘한 일이 생겼다. 바다건너에서 불덩어리(火光)가

날아와 산봉우리에서 몇 밤을 머물렀다.

도공 중 태점(太占)을 치는 이가 있어 점괘를 짚어 보니 이「화광」은 한민족의 시조 단군(檀君) 신령인데 도공들을 지켜주기 위해 백두산에서 날아왔다고 했다. 그래서 도공들은 이곳에 사당을 짓고 마을의 수호신으로 받들었다.

그리고 경사 때면 이곳에 와 제례를 올리는 한편 여행을 떠날 때나 다녀와선 참배를 했다. 또 해마다 8월 보름엔 제례를 올리는데 신관(神官)은 춤을 추고 노래를 부른다. 그 풍습은 오늘에 이어지고 있으나 가사는 변형(變形)되어 알아보기 힘들게 되어버렸다.

おおるなりい　おのりら
まいるいどな　おのりら
なるのん　　ぢるると
오늘날 오는 날이 하루하루가
오늘 이날과 무엇이 다르리
해가 지고 해가 뜬다. 오늘은 오늘 한세상
어느 때나 같은 그날

이 노래는 한 맺힌 도공들의 절규요, 체념 어린 탄식이라 할 수 있다. 아니 각혈(咯血)처럼 아픈 피울음에 다름 아니었다. 구전으로 전해오는 이 가사는 제목마저「오노리소」로 변해 조선어도 일본어도 아닌 어중간한 형태로 이어온다.

조선도공들의 긍지

沈씨의 설명뿐 아니라 여러 자료에서도 그들 도공들의 긍지(自尊)는 여지없이 드러나 있다. 명치유신 때까지 이들은 망건에 두루마기

차림으로 생활해왔다. 뿐만 아니라 언어와 혈통, 조선의례(儀禮)를 지키는데 심혈을 기울였다.

한 예를 들어보자. 도쿠가와(德川) 막부시절 이야기다. 1789년대 교토(京都)에 「다치바나 낭케이」라는 명의가 있었다. 그는 여행가요, 문필가로 평소 「나에시로가와(苗代川)」 조선도공들을 만나고 싶어 했다.

그때 도공들은 沈, 李, 朴, 卞, 林, 鄭, 車, 姜, 陳, 崔, 盧, 金, 白, 丁, 河, 朱 등 17성 40여 명이 살고 있었다. 「다치바나」는 이곳을 여행하고 나서 서유기(西遊記)라는 기행문까지 펴낸 인물이다. 그 책자엔 이런 내용이 실려 있다. 「다치바나」가 도공들을 방문했을 때 "처음 뵙겠습니다."하자 도공 중 한 사람이 "伸무둔이외다!"라고 목청을 가다듬었다.

한학에 밝은 다치바나 "그것 참! 희한한 성씨로군요?"하자 신씨는 언짢은 표정을 지으며 이렇게 답했다. 지금 쓰는 성, 伸가는 조선엔 없는 성(姓)으로 원래는 평산 申씨였다고…. 선대가 포로로 잡혀와 태수(領主)를 알현(?)하는 자리에서 명부를 읽어 내려가던 왜국관원이 "원숭이입니다(お猿です)"라고 소개한 것이다.

잔나비 띠가 원숭이라 해서 그것을 십이지(十二支)로 직역, 원숭이라 불렀다니 절로 웃음이 나온다. 당시 왜국관원의 통역솜씨가 그 수준이었다. 이에 수모를 느껴 굳이 申변에 사람인(人)자를 붙여 伸씨라 했다는 것이 아닌가. 심수관씨 설명도 그렇거니와 다치바나의 「서유기」에도 그렇게 나와 있다. 이렇듯 「사츠마」 조선도공들의 긍지는 대단했다.

6. 심(沈)씨와 조선도공의 후예들

대화 도중 沈씨는 등 뒤 장지문을 열더니 먼지 낀 책자 한권을 꺼내왔다. 세월의 때가 절은 책 표지엔 「교린수칙(交隣須則)」이라 적혀있다. 교린이란 '이웃과 사귀는 일'이고 수칙하면 '그 지침서'라는 뜻이다. 표지를 넘기더니 沈씨는 그 내용을 읽어 내려간다.

원문은 한자인데 그 옆에 일본 「가나」로 토를 달아놓은 게 눈에 띈다. 머리말 한 구절만 인용해보자. 양반(兩班)이란 의관을 바르게 함으로써 (ヤンバントハ カンムリオタタシクシデコソ)라는 식으로…. 어설픈 직역 솜씨지만 듣다 보니 가슴이 뭉클해진다.

沈씨는 목이 메는 듯 필자의 손을 꼬옥 잡는다. 명치유신 때까지 조선도공들은 혈통과 언어보존, 조선예절 지키기에 진력해왔다는 설명이다. 그의 문중에는 「수관」과 같은 세계적인 도예가가 朴씨 문중에선 「도오고시게노리(東郷)」 같은 인물이 나왔다는 설명이다.

시게노리는 도쿄제대 독문과를 나온 수재로 고등문관을 거쳐 외상(外相)을 두 번씩이나 지낸 거목이라 했다. 하지만 태평양전쟁 종료 때 맥아더가 설치한 극동군재(極東軍裁)에서 교수형을 받았다. 그는 자유주의자지만 결과는 그렇게 끝났다.

그는 도쿄 「스가모(巣鴨)」 형무소에서 형장의 이슬로 사라졌다.

악명 높은 형무소…. 「이게부꾸로(池袋)」에 있던 이 형무소자리에 지금은 60층짜리 '선샤인호텔'이 들어서 있다. 필자도 도쿄에 가면 그 호텔에서 가끔 묵는다.

호텔 후원 돌비(石碑)엔 '평화가 영원하길(平和ガ 永久になるよう….)'이라 적고 있다. '시게노리'는 아까운 인물로 도공들의 표상이었다고 沈씨는 말한다. 「미노야마(美の山)」에는 도공후예 60여 호가 살고 있으나 가마(도요)를 지닌 가구는 6호 정도…. 이 마을 놀이터엔 세워 놓은 게시판에 「노력하자! 선두를 달리자! 도오고(東鄕)선배를 따르자!」라는 글귀가 적혀있다.

도공 朴씨 문중에는 또 한 사람의 「도오고(東鄕平八郎)」가 있었다. 일 · 러 전쟁 때 우리의 독도 부근에서 러시아의 발틱함대를 전멸시킨 일본의 해군 총사령관…. 그 역시 박씨 혈통이라니 놀랍다. 도오고는 발틱함대가 현해탄을 거칠 것인가. 아니면 '사할린' 과 북해도 사이 '소오야(宗谷)해협'을 경유 '블라디보스톡'항으로 갈 것이냐를 놓고 고민했다.

이때 '도오고' 사령관은 현해탄 통과를 확신하고 있었다. 저 멀리 유럽 흑해에서 떠난 러시아함대가 피로가 겹쳐 가까운 거리를 택하리라 믿었던 것이다. 러시아 함대가 다가오자 '도오고'가 내린 명령은 오늘에까지 전해오는 명구가 있다.

'황국(皇國)의 흥패가 이 한 싸움에 달려 있다. 각자는 일층 분발 노력하라!'고…. '도오고'에겐 또 한 가지 일화가 따라다닌다. 군신(軍神)이라 떠받들며 어느 강연장에 초청받은 그는 주위의 칭송에 이렇게 말했다. '분로쿠 게이죠(임진란) 때 조선의 이순신 장군에 비하면 자신은 큰 인물이 못 된다.'고 말이다.

심수관 가문이 자랑하는 자기 · 11

안 형과는 원래 한 뿌리

安 도쿄에서 나오는 문예춘추를 읽는데 그 책에서 선생의 글을 대했습니다. '조상에 도전한다.'라는 글을….

沈 아, 그것을 읽으셨군요. 이밖에도 일본의 도자기 「사츠마편(日本のやきもの, 薩摩篇)」이 그것입니다. 그는 미리 준비해놓았다는 듯 컬러판 저서를 내보인다.

'졸작(拙作)입니다만….'하더니 표지를 넘기고 나서 짐짓 망설이는 눈치다. 이어 냉큼 붓을 들어 먹물을 쿡 찍더니 다음과 같이 써 내려간다. 첫 장에 쓴 것은 분명 시(詩) 구절이다.

「太白の霜か 秋の 青松里」
(태백의 쏘낙비인가. 가을의 청송리 마을)
安榮眞 仁兄 惠存
(안영진 인형 혜존)
本是同根
(형과 나는 본래 같은 뿌리입니다.)
戊午 十月 吉日
(무오 10월 길일)
十사代 沈壽官
(14대 심수관)

달필이다. 그는 이어 낙관을 찍더니 필자에게 기념이라며 넘겨준다. 과분한 선물이다. 그의 글귀 중 "안형과는 본시 한 뿌리였습니다."라는 표현이 가슴을 울린다. 그의 저서 「일본의 도자기, 사츠마편」에는 ① 풍토와 환경 ② 가지기 마을과 용문사(龍門司)의 가마

③ 도향(陶鄕) '나에시로가와'의 변천 ④ 도기의 마을 '히라사 사라야마(平佐血山)' ⑤ 조선도공 이전의 '사츠마' 도업 ⑥ 도공 도래의 배경 ⑦ '시마즈 요시히로(島津義弘)' ⑧ 도공 김해(金海) ⑨ 구시키노요와 그 주변 ⑩ '나에시로가와'(苗代川)의 흐름 ⑪ 백문(白紋)과 흑문(黑紋) ⑫ 명품 감상을 기술한 책자다.

도자기에 문외한인 필자는 이런 책자 외 기행을 통해 상식선의 이야기라도 할 수 있게 된 점 다행스럽게 생각했다.

도기와 자기는 다르다

옛날, 우리 조상들은 도자기보다 서화(書畵)를 더 선호해온 것으로 짐작된다. 신분을 말할 때 사농공상(士農工商) 순으로 매겨왔듯이 문물에 대해 글(文)과 서(書藝), 그림(畵) 도자기(陶磁器) 순으로 따졌다.

그래서 과객(過客)이 선비집에 들면 문사는 사랑채에 안내, 술대접을 했고 화공은 툇마루에 도공은 바깥마당에 방석을 깔고 식은 밥덩이를 안겨주는 정도였다. 중국도 도자기보다 서화 쪽에 더 비중을 둬 온 민족이다. 하지만 같은 한자문화권인 일본 만은 유독 도자기에 무게를 둬온 건 무엇 때문인가.

그것은 실용주의 성향 때문이라 할 수 있다. 도자기의 발상은 중국이었으나 도기(陶器)와 자기(磁器)는 엄연히 구분된다. '도기'는 흙을 이겨 구워내는 것이고 '자기'는 돌을 소성(燒成)시켜 제작한다. 다시 말해서 '도기'는 산화알루미늄이 주성분이요, '자기는' 규산(硅酸), 질, 장석(長石) 계통의 흙을 말한다.

자기는 도기와는 달라 광택이 빛나고 표면을 두들기면 금속성이 울려 퍼진다. 어떻든 자기를 생산한 나라는 당시로선 중국뿐이었다. 중국은 3세기경 질 좋은 자기를 생산, 세계로부터 부러움을 샀던 것이다. 특히 당대에 꽃피웠던 월주(越州)자기는 비색청자(秘色靑磁)라 불리며 시인, 묵객 등 상류층의 애호품이었다.

중국 도자기술이 고려에 전해지자 고려에선 더욱 화려한 자기를 생산, 원류인 중국을 놀라게 했다는 건 알려진 사실이다. 그 기술은 고려를 거쳐 조선조에 이르러「조선백자」를 구어 냈다. 그 무렵, 일본에는 '고려청자'나 '이조백자' 같은 도요기술을 갖지 못했던 것이다.

평범한 밥사발 하나 구워내지 못하던 왜국(倭國)에선 조선도자기에「센노리큐(千の利休)」보증서만 붙으면 영주(大名)와 거상(巨商)들이 일성(一城)과 천금을 마다 않고 손에 넣으려 달려들었다. 그래서 임진란 때 왜군은 조선도공들을 닥치는 대로 잡아갔다.

沈씨 가문 12대부터 번성

거장, 沈수관은 와세다(早稻田)대학 정경학부를 나온 엘리트로 청년기엔 거물정객의 비서관을 지낸 일도 있다. 또, 전「오부치(小淵惠三)」총리와 대학동문이라는 걸 아는 이는 많지 않다. 그 바람에 가고시마 한 · 일 정상회담(DJ-오부치) 때 沈씨도 초청을 받은 일이 있다.

임진란 때 남원성(南原城)에서 포로로 잡혀간 沈堂吉 14대손 수관씨…. 전라도 출신 김대중 대통령을 만난 감회는 어떠했을까. '정치에서 손을 뗀 이유가 뭐냐?'고 묻자 가업(家業)을 잇기 위해서라고 했다. 여기서 필자는 정치란 무엇인가? 라고 묻자. 그는 머뭇거리다 이런 말을 했다.

'정치란「행동하는 예술」또는 미리 계산된「사기술」운운합니다만 불나방처럼 섣불리 뛰어들 일은 아니지요. 한마디로 정의하기는 어려우나….하고 뜸을 들이더니 이렇게 토를 달았다.「권력이란」 묘한 것이 되어 '너무 가까이 가면 화상(火傷)을 입기 쉽고 멀리 떨어져 있으면「동상에 걸린다는 말이 있지요」.

정치이야기는 이쯤에서 끊어야 했다. 물어볼게 많기 때문이다. 沈씨와 인연을 지닌 또 한 사람「시바료타로(司馬遼太郞)」를 빼놓을 수 없다.「시바」는 일본 문단의 거성으로「사츠마」도공들을 소재로 소설을 쓴 작가다. 그 소설에선「다치바나낭케이」의「서유기」도 다루고 있다.

「다치바나」가 한 도공에게 향수(鄕愁)가 남다르겠다며 위로하자「고향난망(難望)이외다」라고 대답했다.

소설제목「故鄕 亡じかたく候」를 여기서 따낸 제목이다.「고향을 어찌 잊으리까」라 했지만 필자는「고향난망이외다」로 의역을 해본다. 沈수관 가계는 초대 심당길로부터 15대로 이어오지만 수관은 습명이다.

沈씨는 말한다. "나는 14대 수관이고 자식 놈(一輝)은 15대 수관이지요" 여기서 묘한 것은 누대(累代)를 독자로 계승해왔다는 점이다. 13대는 관리였고 가운을 세계에 떨친 건 12대 수관이라 했다. 그는「시로(白)」사츠마와「스카시보리(透彫)」를 개발, 명치천황으로부터 문화훈장을 받은 인물이다.

그는 또, 1873년 비엔날레 세계박람회에「금수목단문화병」을 출품 입선하는 바람에 일본 도자기를 세계에 알리는 계기가 되었다. 그 후 1970년대 14대 수관은 유럽여행길에 12대 수관작(壽官作) 그 목단화병을 2억엔에 되찾아왔다고 자랑스레 한다. 조상의 혼이 깃든 이 화병의 귀환은 어떤 의미를 갖는 것일까.

심수관 가문이 자랑하는 자기 · 12

7. 조선도공의 류큐(琉球) 진출

「시마즈」 영주는 17세기부터 조선도공들이 만든 도자기를 나가사키항을 통해 유럽에 수출했다. 그 무렵 산업정책상 이들 도공(陶工)을 보호했다고는 하나 명치유신때까지 개성(改姓)은 물론 대외와의 혼인마저 허용하지 않았다. 400년간 만행을 견디며 이곳에 대를 이어온 도공들이었다. 이들 도공의 납치과정에 관해서는 여러 가지 기록이 있다.

'연씨도류장(燕氏渡留帳)'엔 세 곳의 도공 상륙지점과 기존에 알려진 18성 이외에 黃 · 張 두 가문이 '류큐(琉球)'에 도자기 기술지도차 파견한 걸로 되어 있다. 이들 도공 중 星山김씨는 '星山家系譜'를 남겼고 박씨계 6대 朴平意는 '立野並苗代川燒物由來記'를 썼다.

여기서 '薩摩' 가마터는 ① '龍門'요 ② '苗代川'요 ③ '堅野'요 ④ '西餅田'요 등 넷인데 그 중 苗代川계도 여러 갈래가 있지만 첫 개요지는 「木野(구시키노)」 요였다. 이 가마는 1599년 납치당한 도공들이 「島平」에 개요한 것이 그 시초가 되었다.

이 요지(窯址)는 현재 밭이 되어버렸지만 옛날 도자기를 굽던 조선식 「蛇窯 : 산언덕에 뱀 같이 만든 가마」에서 잡기를 구워낸 흔적이 남아 있다. 이 도요는 백토로 자기를 구워 영주만 사용했다는 이른바「히바카리」를 생산한 것이다.

「히바카리(火計リ)」란 흙은 한국서 가져오고 불만 때 구웠다는 데서 유래된 말이다. 도공과 흙을 조선에서 수입했으니 일본 것은 그야말로「불뿐(히바카리-火計リ)」이라는 뜻이다. 그때 도공들은 반농반도의 고달픈 생활을 하며 조선 백토로「히바카리」를 구워 저 유명한「히라다왕(平茶碗-火計リ手 묘字銘 1600년경 口徑 26.5, 높이 5㎝)」을 구워냈다.

그것은 사발과 대접을 닮은 그릇이었다. 1630년 토착민들의 박해로 도공들은 남쪽 苗代川에 이주, 다시 朴平意 중심의「모토무로(元室陶窯)」요를 개설한다. 영주(島津)는 왜란 후「關が原(세키노하라)」싸움에서 패해「사쿠라지마(櫻島)」에 숨었다가 도쿠가와와 화평이 성립되자 다시 영토를 회복하기에 이르렀다.

이즈음「시마츠」는 조선도공에게 9담보의 토지와 거소 35개를 주고 朴平意에겐 직록 4석과 쇼야(庄室)를 주며「아오에몽(靑衛門)」이라는 이름까지 내렸다. 이렇게 삶의 터전을 마련하게 되자 도공들은 조국의 건국신 단군을 모시는「교쿠산(玉山)」궁을 세운다.

이때「朴平意(雙用)」에 이어 백토를 발견한 도공들이 영주전용「히바카리」를 구워 칭찬을 받았다. 이 업적이 훗날 白薩摩, 錦手, 金襴手 등 찬란한 백자를 생산하게 된다. 이 박씨 문중엔 후일 제국시대 최후의 외무대신「도오고(東鄉茂德)」를 배출한 바 있다.

그리고 1669년「五本松」요엔 苗代川 도공 35가구를 이주시켜 堅野窯 도공 金貞(日名-聖山嘉八)의 지도하에 일용잡기를 구워냈다. 또 1739년에는 琉球의 도공 用啓基가 와서 朴龍官의 지도를 받고 돌아갔다는 기록도 나온다.

龍門司계의 가마는 卞芳仲(日名-仲次良)이 대표가 되어 요를 열었다는 것이다. 옛 기록에는 이 가마의 작품엔 龍字銘이 들어 있다고 했다. 이렇듯 옛 가마를 소개하려면 끝이 없을 정도로 많다.

백자는 領主의 전유물

영주「시마즈」는 한 시대 용맹으로 이름 높았지만 이번엔 도기(陶器)를 갖고 판을 친다는 소문이 나돌았다. 하지만 그는 이미 노경에 접어들었다.「시마즈」는 여기서 새로운 상징을 만들려고「나에시로가와」에 번립(藩立) 공장을 세워 제도(製陶)에 힘썼다.

「사츠마야키」의 희소성(稀少性)을 유지하기 위해 '시로사츠마'를「시마즈」가(家)' 전용분 외에는 구워내지 못하도록 했다. 단, '구로사츠마(黑薩摩)' 즉 '고젠구로(御前黑)'는 일반수요를 허락했다. 그 바람에 각 지방 거상들은 만금(萬金)을 주고도「시로사츠마」를 구하지 못하게 되자 그 주가는 더욱 높아만 갔다.

그러길 300년. '에도기(江戶期)'에 와서「시로사츠마」기법은 더더욱 순화되어 갔다. 그 우아한 상아빛 살갗, 거기에 따스함을 느끼게 하는「가리노파(狩野派 · 室町時代-1434~1530)」의 그림까지 곁들여 더 이상 정교한 것이 없을 만큼 발전시켰다.

여기서 막부(幕府)말기「사츠마」번은「나에시로가와」에 대규모 백자공장을 차리고 10대 심수관을 주임으로 임명 커피잔, 양식기(洋食器)를 생산, 이를 '나가사키(長崎)' 경유, 해외에 팔아 막대한 이익을 챙겼다. 그것이 후일 막부를 타도하는 도막(倒幕)의 재원(財源)으로 쓰였다.

이 무렵 파리에서 개최된 만국박람회에 '사츠마'번은 막부와는 상관없이 지방정권 자격으로 출품시켰다. 그 중 가장 이채를 띤 것이 12대 심수관의「시로사츠마」였다. 그리고 명치 6년, 오스트레일리

아 만국박람회에 심수관의 작품 「대화병(大花瓶)」은 이미 유럽에서 명성을 떨친 「사츠마야키」 이름을 한층 드높였다.

이것이 「나이시로가와」의 번성기라 할 수 있다. 그 후 명치시대에 들어와 「사츠마」 도법(陶法) 전반이 번(藩)의 보호에서 벗어나면서 왕년의 명성은 점차 사라져갔다.

13대 수관 '일기예보' 달인

「시바 료타로」의 소설 속으로 들어가 보자. 시바는 평소 「교쿠장구우(玉山宮)」가 있는 언덕에 올라 동지나해를 보고 싶다는 생각을 가져왔으나 짬을 못 내다가 봄도 다 간 어느 날 겨우 집을 나서게 되었다. 비행기는 예정보다 약간 늦게 '가고시마' 비행장에 닿았다.

해질 때는 빛깔이 바뀐다는 「사쿠라지마(櫻島)」가 진사(辰砂) 빛으로 물들기 시작했다. 「시바」는 서둘렀다. 시내 서쪽으로 빠져 그 이름 없는 언덕을 넘어 「나에시로가와」에 당도한 것은 해질 무렵이었다. 심수관은 「시바」씨를 기다리다 못해 가마에 들어가 있었다.

그는 전에 들어가 본 적이 있는 방에서 심씨를 기다렸다. 와룡매(臥龍梅)는 벌써 잎이 무성해져서 잎엔 커다란 벌레 한 마리가 붙어 있었다. 방에는 곁방이 딸려있고 그 벽에는 부친 13대 심수관 사진이 걸려 있다. 13대에 대해선 전날 14대 심씨로부터 많은 얘기를 들었는데 심씨는 얘기 때마다 돌아간 부친을 떠올렸다.

그 부친은 일기예보의 달인이었다고 한다. 날씨는 그릇 굽는 일에 영향을 미치는 듯 마을 사람들은 날마다 그에게 다음 날 일기를 물으러 왔다는 것이다. 그가 갠다면 반드시 갰고 비가 온다면 어김없이 비가 왔다. 별다른 비법이 있는 것도 아닌데 부친은 비상한 육감으로 청우(晴雨)를 맞추는 모양이었다.

마을 노인들은 대학에서 배웠을 것이라 했다. 13대 심씨는 그 당시 「가고시마」의 조사관(造士館) 제 7고등학교를 거쳐 경도제대 법학부를 나왔다. 14대 수관씨가 와세다 대학 정경학부를 졸업하고 돌아왔을 때 마을 노인이 그에게 날씨를 물으러왔다.

"모르겠습니다."라는 심씨 대답에 이웃 노인은 크게 웃으며 "대학을 나왔어도 아무 쓸모가 없군!" 하고 농담 아닌 농담을 했다. 대학 얘기가 나왔으니 말이지만 현 호주 심수관씨는 구제(舊制) 중학을 졸업하고 미술학교 진학을 했다.

심씨 집안은 초대부터 양자(養子) 없이 이어져왔으나 어쩐 일인지 어느 대(代)에 가서나 아들은 늘 하나뿐이었다. 단 하나뿐인 아들이 미술학교를 희망한다면 기뻐해야 할 터인데 13대 심씨는 아들 말에 동의하지 않았다.

"어차피 마을에 돌아와 한 평생 그릇을 구워야 할 몸, 젊은 한 때만이라도 그릇과 인연이 없는 일을 해서 한 숨 돌리지 않으면 세상에 태어난 보람이 없지 않겠느냐?"고 했다.

소설가 「시바」가 기다리고 있는데 안에서 말소리가 들리더니 14대 심수관은 손을 닦으며 들어왔다. 닭을 잡고 오는 길이라는 것이다.

민간은 검은 「죠카」만 사용

"「교쿠장구우」는 내일로 미루고 오늘은 천천히 한잔 하십시다." 하면서 소주 「죠카」를 집어 들었다. 「사츠마」에서는 주전자를 '죠카'라 부른다. 「사츠마」 견문록(見聞錄)에는 '「사츠마야키」란 나라에서 일반용을 금지하고 검은 주전자만 허용됐으며, 그것만으로도 사람들은 진귀하다며 다투어 이를 가지려 했다.'라고 적혀 있다.

「죠카」의 희귀성에 대해선 민요 가사(歌詞)만으로도 짐작이 간다. 「쯔보야(壺室)」의 선물로 「죠카」 세 개를 얻었다. 한 개는 검은 「죠카」, 또 한 개는 갈색 「죠카」. 나머지 하나는 마누라의 「하구로(齒黑·鐵漿)」라 해서 기혼여성들이 이(齒)에 물을 들이는 진한 갈색(褐色) 「죠카」를 꼽았다.

행길에서 '구시키노' 생선장수 소리가 들려오자 길 얘기가 나왔다. "저 길은 옛날부터 저렇게 넓었나요?"하고 묻자 "예! 옛날부터 넓었죠, 말이라도 달릴 만큼 도로 폭이 넓어 「사쿠라노바바(櫻馬場)」라 불렀습니다." 라고 했다.

이 길은 「나에시로가와」의 별명이기도 했다. 「구시키노」나 「가고시마」 근처에서 오는 장사꾼들은 지나칠 때마다 늘 글 읽는 소리가 들려왔다고 했다.

이 마을이 다른 마을과 다른 점이 있다면 도쿠가와 초기 이곳을 번(藩)의 규칙으로 학문이 강요됐다는데 있다. 「시마츠」는 초대부터 도공(陶工) 아들을 무조건 상속시키지 않고 시험제도를 만들어 기법이 능한 자에게만 녹봉을 내려 가업을 계승시켰고 무능한 자는 비록 장남이라 할지라도 가업을 잇지 못하게 했다.

그리고 기법시험과 병행해서 학문 시험제도를 실시했다. 이로 인해 300년 동안 이 마을 자녀들은 시험공부에 정신이 쏠렸고, 그것이 어느 새 마을의 풍습이 되어버렸다. 글을 읽는 습관은 13대 심씨 소년시절까지 계속되었다는 것이다. 뜰이 어두워졌다. 심수관씨는 술이 세다. 그래도 조금은 취했는지 목소리가 한결 명랑해졌다.

좀처럼 슬퍼하지 않는 심씨이지만 "그래도 때론 슬픈 일이 있었어요."라며 소년시절 다른 일본인에게 골탕 먹은 얘기를 했지만, 그 얼굴에선 시종 웃음이 떠나질 않았다. 전국(戰國)시대 「시마츠」 번의 강병책이 원인인지 「가고시마」 소년들에겐 종전(終戰) 때까지 싸움질은 공공연한 풍습이었다.

중학에 입학하면 강약의 순서가 정해질 때까지 여기저기서 매일처럼 싸움이 벌어졌고 1학기가 끝날 때 즈음 겨우 그 학급의 강약서열이 결정되어 학년 전체가 조용해진다. 14대 심씨는 「나에시로가와」 소학교를 졸업하고 60리나 떨어진 「가고시마」 구제 2중에 입학했다.

심수관 가문이 자랑하는 자기 · 13

심수관 가문이 자랑하는 자기 · 14

심수관 가문이 자랑하는 자기 · 15

8. 사츠마 자기(瓷器)의 성장

도기(陶技)의 전승이란 예사로운 일이 아닌 듯하다. 불세출(不世出)의 명인이라던 12대 심 씨의 아들 13대는 이 「나에시로가와」에 전승해온 「고젠구로(御前黑)」만은 딱 질색이었다.

「구로사츠마(黑薩摩)」는 민간 수요(需要)이고 「시로사츠마(白薩摩)」는 영주 「시마츠」가(家) 전용으로 되어 있었다. '구로(黑)'에도 예외가 있어 도질(陶質)이 황금빛을 내는 검은 빛을 띤 것은 성주(城主) 전용이었다. 그 비법(秘法)은 상속자에게 구전(口傳)으로만 가능했다.

12대 심옹(沈翁)은 13대에게 그 비법을 전하지 않고 세상을 떠났기 때문에 이 기법은 단절되고 말았다. 14대 심 씨가 20대 시절 어느 정월 초하루 다례(茶禮)를 마치고 부친 13대 옹이 "넌! 바보야"하고 술김에 아들을 놀렸다. 농담이긴 했으나 심 씨는 그 말이 마음에 걸렸다.

그 뒤 어느 해 관례대로 당대 주인이 그 해 계획을 발표하고 도공 한 사람 한 사람에게 과제를 주는데 아들 심 씨에겐 올해엔 너 혼자 힘으로 '고젠구로'를 구워보라고 했다. 심 씨는 조금 전 부친이 한 말을 트집 삼아 "아버지 같이 현철한 분도 못 구해낸 '고젠구로'를 저 같은 바보가 어찌 만들어내겠습니까?"하고 말대꾸를 했다.

이때 친정에 왔던 고모가 소스라쳐 놀라며 울음을 터뜨렸다. 심 씨 집안은 예부터 가장(家長)의 말씀은 절대적이었다. 이날까지 새해 첫날 아침 부모 앞에서 말대꾸한 사람은 없었다. 고모는 심 씨 집안도 다 됐다고 울었다.

한동안 넋을 잃고 앉아 있던 심 씨는 일본이 새로운 민법을 공포한 지 수년 후의 일이었다. 그러나 딴 집은 몰라도 이 '나에시로가와' 심 씨 집안에 태어난 이상, 십여 대를 이어온 가율(家律)만은 지켜야 한다는 생각에 부친 앞에 사과하고 그 명령에 복종키로 했다.

나베야마에서 陶土 발견

그러나 「고젠구로」란 말만 들었지 어디서부터 시작해야 할지 엄두가 나지 않았다. 아무튼 그날부터 심 씨는 골방에 처박혀 초대(初代)부터 전해오는 온갖 서류를 뒤졌다.

그러던 어느 날, 그 속에서 12대가 써 놓은 듯한 비망록(備忘錄)을 찾아냈다. '「나베야마(鍋山)」에서 유약(釉藥) 나옴'이라는 대목이 있었다. 그것으로 보아 「고젠구로」의 유약채취 장소가 「나베야마」라는 추측은 갔으나 이것만으론 마치 보물찾기와 다름없는 일이었다.

부친에게 그것을 보이자 "그럴지도 모르지."라고 했다. 「나베야마」란 「나에시로가와」에서 10리 쯤 떨어진 덤불 산인데 그곳에서 유약이 나온다는 것은 13대 기억에도 분명치 않았다.

어쨌든 「나베야마」에 가보겠다고 하자 부친은 "「야마히라 헤가쿠(山平ヘカク)」라는 성미가 까다로운 향사(鄕士)이니라."하고 조언을 해주었다. 그때가 소화 30년대였다. 그 까다롭다는 사람이 산 속

깊이 은거하고 있다니 그것은 「사츠마」인 다운 모습이 아닐 수 없다.

심 씨는 선물로 과자를 싸들고 오토바이를 타고 그를 찾아갔다. 한참 이야기를 듣다 보니 마치 「겐빼이(源平 · 平安末期(11세기경))」 정권다툼을 하던 시절을 연상시킨다. 젊은 무사가 일당백의 기개로 적진에 뛰어드는 모습을 방불케 했다. 「헤가쿠」 노인은 듣던 대로 까다로운 사람이었다.

"이 근처에서 유약이 나온다는데요?"하고 묻자 노인은 화가 난 듯 한동안 잠자코 있더니 "몰라!"하고는 외면해 버렸다. 다시 묻자 "모른다면 몰라!"하고 내뱉듯이 쏘아붙였으나 그 자그마하고 마른 얼굴 어느 구석엔 마치 종기의 근 같은 것이 있어 무언가를 애써 감추려는 빛이 역력했다. 심 씨는 「사츠마인」인지라 어루만질 줄도 알고 있었다. 잠자코 물러나와 수일 후 이번에는 소주와 닭을 사들고 찾아갔으나 유약에 대한 화제는 일절 입에 담지 않았다. 그 후 몇 번을 그런 식으로 노인을 찾아갔으나 노인은 선물만 챙기고 아무 것도 알려주려 하지 않았다. 7월 그믐께 큰 비가 내렸다.

야미히로 노인의 옹고집

일기예보에 밝은 13대 옹이 내일은 태풍이 올지 모른다고 한 어느 날 심 씨는 빗속을 무릅쓰고 그 노인을 찾았다. 노인의 집은 덧문이 닫쳐진 채였다. "여보세요! 심 수관입니다."하고 문을 두드리자 노인은 놀란 얼굴로 심 씨를 맞아들이면서 "젊은이! 진정이었구먼!"했다.

비로소 손님으로 대해 주는 것이었다. 언제나 앉던 마루에서 방안 「이로리(圍 爐裏 · 방바닥을 네모로 파내어 불을 때는 장치)」 곁으로 인도됐다. "일러 주십시오!" 심 씨가 간곡히 부탁을 하자 노인은 봄눈 녹듯이 "음~ 모레아침에 일찌감치 오라구!"했다.

모레라고 한 그날, 아침 여섯 시 조금 지나 노인은 기다리고 있다가 부인에게 띠를 내놓게 하더니 그것을 심 씨에게 넘겨주었다. 무슨 뜻인지 몰라 어리둥절 하자 "이걸로 날 업어"라고 했다.

80이 넘은 노인이라 걸음이 시원치 않았다. 노인을 등에 업자 그는 등 뒤에서 일일이 방향을 지시했다. 뒷산은 덤불이 무성했다. 노인은 대나무 하나를 길게 잘라 세죽(細竹)을 손에 쥐어주니 말이라도 탄 기분인지 등 뒤에서 대 회초리로 이리저리 갈 길을 지시한다.

골짜기에 닿자 노인은 등에서 내렸다. 노인은 나무 등걸에 앉으면서 "거길 파보라고!"하며 회초리로 한군데를 가리켰다. 심 씨는 시키는 대로 괭이를 휘둘렀으나 거기서는 기대했던 흙이 나오지 않았다.

다른 곳을 몇 군데 더 파보았으나 노인이 일러 준 어느 곳에서도 화산지대 특유의 잿빛 모래흙만 나올 뿐 바라는 도토(陶土)는 구경할 수가 없었다. "산이 망령 났다"며 노인은 산을 탓했다. 산도 변했다.

내 산이건만 50년 전의 기억이다. 대나무와 수목이 성장해서 골짜기 모습도 달라졌다. 이때 노인은 엉덩이가 시리다면서도 그대로 앉아 있다. 그 노인보다 심 씨의 피로가 더했다. 하루 종일 여기 저기 파헤치자니 괭이가 천근만치나 무거웠다.

날이 어두워지기 시작했다. 노인은 마지막으로 "젊은이, 골짜기 저쪽 언덕을 파보라고!"하며 다시 회초리로 가리켰다. 심 씨는 정강이까지 묻히는 낙엽토를 밟으면서 그곳까지 갔다. 언덕은 온통 양치(羊齒) 식물로 뒤덮여 있었다.

거의 단념하다시피 한 심씨는 낫으로 풀을 베고 그 낫으로 언덕의 흙을 후벼보았다. 축축한 물질이 잿빛 모래흙과는 전혀 다른 갈색 초콜릿 빛 질 좋은 흙이 낫 끝에 묻혀 나왔다. 서둘러 풀을 베고 표면을 벗겨 보자 수산화철(水酸化鐵)이 침전(沈澱)된 보기 드문 토층(土層)이 나타났다.

한 움큼 집어 핥아보니 철분을 함유한 진한 맛이다. 심 씨는 다짜고짜 가져온 전대에 이 흙을 담아 노인 곁으로 가져갔다. "글쎄, 이건가보군!"하더니 노인은 심 씨가 한 대로 자신도 그 흙을 핥았다.

이때 노인은 조건을 말했다. "영구무상(永久無償)이여!" 거저 준다는 뜻이다. 단, 구워내는 자기 하나씩을 가져오라며….

14대 수관 구로사츠마 제작

"큰 것은 일 없어 술잔만 하면 돼! 부엌에서 쓰는 그릇이 좋아. 난 이렇게 별난 늙은이지만 약속을 어긴 적은 한 번도 없어! 하지만 50년 전 그때 그릇구이는 약속을 어겼어! 너희 할아버지는 훌륭했지만 딴 사람들은 약속만 하고 지키지 않았다. 구운 것을 하나도 안 가져왔거든. 그래서 다시는 그릇구이를 상대하지 않으려고 했지. 자네가 그렇게 부지런히 찾아왔지만 가르쳐주지 않은 건 그 때문이야." 노인은 이런 말을 했다.

심 씨는 그 흙을 오토바이에 싣고 달렸다. 태풍이 지나 간 뒤라 길은 험했고 흙이 튀어 발치가 엉망이었지만 이때의 기쁨은 어디에 비할 바가 없었다. 유약의 배합은 몇 대 전 선조가 남겨 놓은 전서(傳書)대로 했다. 모든 준비를 끝내고 시작품(始作品) 셋을 함께 구웠다.

그러나 가마에서 나온 것은 검기는 한데 단순한 검은 빛에 지나지 않았고 그 황금을 깐 듯한 배(梨)빛 살갗은 나오지 않았다. 약속대로 노인에게 그릇을 가져갔다. "잿빛이 아니구먼!" 노인은 그렇게만 한 마디 했다. 그 뒤 몇 번인가 다시 가져갔으나 노인의 언짢아하는 표정은 짙어갔다.

모두가 단순한 검정 빛깔이었다. "「고젠구로」란 이런 게 아냐!" 노인은 혀를 찼다. 어느 날 심 씨는 시험 삼아 가마 하나를 다 못 쓰더라도 들어가는 대로 넣어보기로 했다. 가마에서 꺼낼 때는 두려운 마음으로 뚜껑을 열었다. 이때 심 씨는 놀랐다.

무슨 기적인가. 그 중 몇 개가 「고젠구로」로 구워져 있지 않은가. 나머지는 모두 깨버렸지만, 「고젠구로」란 원래가 그런 것인 것을 이 실험에서 심 씨는 깨달았다. 심 씨는 아직도 더운기가 식지 않은 그 중 하나를 가슴 속에 품고 노인에게 달려갔다.

노인은 그것을 보자 머리를 숙여 절하더니 「가미다나(神棚)」 앞에 놓았다. 그 후 한 달쯤 해서 노인이 세상을 떠났다는 소문에 심 씨는 허둥지둥 「나베야마」로 달려갔다. 상청에는 부인이 차렸는지 그 「고젠구로」가 놓이고 거기 노란 국화꽃 몇 송이가 물에 떠 있었다.

심 씨는 14대 계승자로 훈련을 받아왔다. 심 씨 자신도 앞서 말한 대로 하마터면 끊길 뻔한 전통을 지키기는 했으나 그렇다고 전통을 계승하는 것만으로는 만족할 수 없는 심정이었다. 13대 옹은 소화 39년(1964) 4월 1일, 75세로 세상을 떠났으나 그보다 얼마 앞서 심 씨는 결심하고 부친에게 승낙을 청했다.

다른 도예가들처럼 요즘 유행하는 전시회를 갖고 싶다고 했다. 13대 옹은 전부터 그런 일은 심씨 가풍에 맞지 않는 허황된 것이라 해서 자신의 경우도 아들에게도 이를 허락지 않았다.

"예술가가 되고 싶으냐?" 쇠약해진 13대 옹은 작은 목소리로 그러나 또렷하게 물었다. 자신도 젊었을 때 그 같은 장소에서 이름을 떨치고 싶었다. 그러나 그것이 도대체 무엇이란 말이냐. 심 씨 십 수대(代) 예풍(藝風)이 하찮은 것이라면 몰라도….

심씨 가문 십 수대는 산줄기와도 같은 것이다. 조상의 것을 그대로 물려받은 것 같지만 그 유작(遺作) 하나하나엔 개성이 뚜렷하다. 그 한 사람 한 사람은 마치 산맥을 기복(起伏)시키는 산봉우리와도 같다. 그래서 산의 모습은 제 각기 다르다.

그 산봉우리 하나가 되는 것만으로 훌륭한 일생이 되지 않느냐, 그런 뜻으로 한 말이었다. 하지만 마침 14대 수관은 어느 전람회에서 출품을 권유받고 있었다. 그 권유에 매력도 있었고 또 새로운 작품 활동에 야심이 꿈틀거리고 있을 때라 부친의 말에 불만을 느꼈다. "그렇다면 도대체…"하고 심 씨는 우는 소리를 냈다.

"나라는 자체는 무엇을 위해서 살아야 합니까?" 너무 가엾지 않습니까? 당신께서도 젊으셨을 때 가업을 계승하는 일을 놓고 고민하셨겠지만 도대체 나는 무엇을 목표로 살아가야 하는지 그것을 일러 달라고 했다. 14대 수관은 어릴 때 부친에게서 영어도 배우고 수학도 익히며 도기(陶器)를 구웠다.

부친은 항상 스승이었다. 30이 지나 14대도 아이를 갖게 되자 부친의 위대함을 비로소 알게 되었다. 심 씨는 "일러 주소서!"하고 빌다시피 했다. 13대옹 자신은 생애의 애환(哀歡)에 응축(凝縮)되어 있었다. "아들을 그릇구이로 만들어라. 내가 할 일은 그것뿐이고 네가 할 일 또한 그뿐이라." 했다.

이것이 심씨 가문의 전통이요, 유훈이었다.

9. 沈 씨 관향 靑松을 방문

청송은 일본해(日本海)에 가장 가깝고 성 밖 낙동강 지류(支流), 도성(都城)은 태백산맥 중간에 위치하고 3면이 산으로 둘러싸여 있다. 추측컨대 상업은 발달하지 못한 농림지대 고을이다. 산에는 도토(陶土)가 나고 많은 도공(陶工)이 살고 있었다.

심 수관 씨 말에 '시바'는 깜짝 놀랐다. 그 청송이야말로 심 씨 발상지(發祥)라는 것이다. 심 씨의 먼 선조가 청송에서 그릇을 구웠고 언제부터인가 청송에서 나와 심 씨 일족의 기구한 운명을 만든 남원 땅에 옮겨왔다고 한다. 청송에는 심 씨 성이 많다.

예전부터 전해오는 이 말은 심 씨가 어릴 때부터 귀에 배어 있다. 청송에는 심 씨 조상 무덤이 있다고 했다. 심 씨가 방한 길에 청송에 간다고 하자 관방장관이 미리 현지에 연락을 취해 주었다. 청송에 닿아 심 씨가 놀란 것은 마을 어구에 4세기 전까지 한 집안이었을 많은 사람들이 영접에 나선 것이다.

그들은 심 씨를 둘러싸고 놓아주지 않았다. 심 씨를 마치 오랜 만에 고향에 돌아온 친척처럼 대접해주었다. 이튿날 아침 성 밖 산 위에 올랐다. 심 씨는 심 씨 집안의 분묘가 있는 산의 모습은 사츠마 '교쿠장구우'의 산과 비슷하다는 생각을 했다.

숨이 찼다. 이윽고 산 위 묘소 앞에 다다랐다. 이끼를 털고 제물을 바치고 절을 하려 하자 "한국식 절이 아니면 혼령에게 통하지 않아요." 심 씨 성을 가진 여러 사람들이 심 수관 씨에게 유교식 절을 가르쳤다. 배례가 끝나 얼굴을 들자 그들은 모두 미소를 짓고 있었다.

이윽고 한 노인이 심 씨를 전망이 트인 곳으로 데려가서 '사람에게도 운명의 상(相)이 있듯이 묘지에도 그 일족을 운명지우는 묘상(墓相)이라는 게 있다.'고 했다.

"이 심 씨 댁 묘상을 점쳐 드리리다."하면서 약간의 절차를 밟은 뒤 등 뒤에 높은 산이 있고 양편에 낮은 산을 거느리고 한 쪽만이 하늘을 향해 활짝 트였으니 "이런 묘상은 자손이 외지(外地)에 나가 번영할 상(相)"이라고 노인은 말했다.

심 씨의 남원행

여수에서 기차로 찾아간 남원은 번화한 상업도시였고 사람들 틈에 끼어 걸어야했다. 다만 임란 때 한 지휘관이 적을 막자던 그 산만이 꿈속의 남원성 밖 풍경과 같은 모습으로 누워 있을 뿐이다. 심 씨는 곤혹스러웠다. 이곳이 선조의 고향이란 생각이 들지 않았기 때문이다.

일본에선 그렇게도 귀한 도토(陶土)가 여기저기 눈에 띄는 것이 심 씨를 놀라게 했다. 이 흙을 빚어 평화롭게 살아가던 거리가 서기 1597년 여름 성벽을 방패삼아 격전을 벌여 3만의 조선군은 2천으로 줄어든 것이다. 8월 15일 보름달 아래 많은 군사가 그렇게 목숨을 잃었다. 어떻든 그곳 남원사람들은 심 씨를 환영했다.

한 노인이 심 씨를 위해 남원성 경관(景觀)을 사료(史料)에 의해 재현해보였다. 그 얘기를 듣던 심 씨 귀에는 아비규환(阿鼻叫喚)의 소리가 들려왔다. 그 바람에 땅 위에 발을 딛고 서 있을 수가 없었다. 심 씨는 어느 새 남원성 북쪽을 걷고 있었다. 거기 작은 시내가 보였다. 시냇가에는 돌로 쌓아올린 높이 10미터 가량의 성터가 남아 있다.

성터는 풍화(風化)해서 검은 빛으로 변하고 여기저기 돌부리에 엉킨 개나리가 시냇물 위에 그림자를 던지고 있었다. "이것이 옛 남원성 성터의 일부지요, 흔적이라고는 이것뿐입니다." 노인의 설명이었다. 심 씨는 시냇가에 몸을 굽혀 안경을 벗고 얼굴을 씻었다. 이야기는 다시 '미노야마(美山)'로 돌아온다.

14대 수관의 일기

14대 수관이 중학교에 입학하던 날, 교실에 상급생 몇 놈이 들어오더니 "이 반에 조선 놈이 있지, 손들어!"하고 소란을 떨었다. 심 소년이 손을 들지 않은 것은 자신이 조선 사람이라는 걸 미처 생각지 않았기 때문이었다. 그가 졸업한 소학교는 모두 마을 사람들 자제들로 교육 또한 일본의 여느 소학교와 다를 바가 없었다.

'나에시로가와' 소학교는 학생들 평균 성적은 현(縣)에서 가장 뛰어났고 선생들도 '학교는 작지만 우리학교는 일본서 제일가는 소학교'라고 아이들에게 가르쳤다. 이들은 평민이 아닌 사족(士族)의 자녀들이었고 2차 대전 종료까지 그들은 '나에시로가와' 출신이라는 걸 되레 자랑으로 삼고 있었다.

말이 나온 김에 한 마디 덧붙이자면 구막(舊幕)에서 명치유신 때까지 '나에시로가와' 향사(鄕士)들은 '사슈군(薩州軍)'에 편입, 관군(官軍) '나에시로가와' 소대에 편입, 무진전쟁(戊辰戰爭:親幕派와 幕對派의 싸움(1860))에 종군, 동북지방까지 나가 싸웠다.

차도룡(車道龍), 이원각(李元覺), 박일남(朴一男), 정참석(鄭參石), 신태순(伸泰淳), 김정룡(金正龍), 이정선(李正仙) 등이 그 대원이었다. 명치 10년, '사이고오(西鄕薩盛)'가 사족(士族)의 자제를 인솔, 소위 서남전쟁(西南戰爭)을 일으켰을 때도 몇몇 젊은이가 참전했고 박용금(朴龍金)이라는 청년도 그 중의 하나였다.

이렇듯 '나에시로가와'는 너무나도 일본적인 마을이었다. 그러니 심 소년이 손을 들지 않은 것은 지극히 당연한 일이었다. 하지만 불행하게도 도공들을 옹호하고 대우하던 '사츠마' 번은 이미 먼 과거로 사라져 버렸다.

명치 이후의 정부는 그들을 단순히 일본인으로 취급했다. 다만 성씨(姓氏)와 혈통만 세상의 이목을 끌었다. '가고지마'에서 '나에시로가와'를 아는 사람은 차차 줄어들었다. 교실에 들어온 윗반 애들은 그것을 알 까닭이 없었고 다만 신입생 명부에 한인 성이 있는 것을 알았을 뿐이다.

심 소년이 잠자코 있자 상급생들은 몹시 화를 냈다. 정신 상태를 고쳐준다고 설쳐댔다. 그들은 심 소년을 교실 밖으로 끌어내어 옥상으로 데려갔다. 열 놈쯤이 덤벼들어 때렸다. 심 소년은 정신이 가물가물했으나 이를 악물고 울지 않았다.

일본인은 강하기 때문에 울면 일본인이 안 될 것 같았다. 하지만 이렇게 얻어맞다보니 자기 성이나 가계(家系)가 그런 것처럼 어쩌면 일본인이 아닌지도 모른다는 생각이 들었다. 어렴풋이 그런 생각을 하는 순간 자빠지며 뒤통수를 바닥에 부딪쳤다.

그리고 정신을 잃었다. 오늘 처음 입고 온 교복은 코피 투성이가 되어버렸다. 이윽고 심소년은 혼자 깨어났다. 교실로 내려와 가방을 들고 학교 문을 나섰다. 기차는 구시끼노를 지나 '히가시이찌끼

(東市來)' 역에서 내린다. 마을까지는 2km 남짓이다.

네 몸엔 조선 피가 흐른다

이 길은 소년의 선조가 서해안에서 주민들 박해에 못 이겨 오두막을 버리고 정처 없이 동쪽을 향해 걸어갔던 그 길이다. 소년은 후일 장성한 뒤에야 그것을 알았다. 집 가까이 이르자 소년은 깜짝 놀랐다. 검은 사철나무 울타리 저쪽 대문 앞에 아버지와 어머니가 서 있지 않은가.

소년에게 부모는 기막힌 예견자(豫見者)였다. 오늘 있었던 사건을 미리 알고 있었다는 듯 고개를 끄덕이며 평소 그다지도 엄격했던 아버지는 아들의 어깨에 손을 얹고 흙을 털어주며 감싸듯 안으로 데리고 들어갔다. 소년은 소리 없이 눈물을 흘렸다.

어머니가 얼굴 상처에 약을 발라 주려고 했으나 소년은 흐느끼며 눈물을 흘렸다. 소년은 혼자 우물가에 가서 얼굴을 씻었다. 눈물을 멈추고 싶었다. 아버지가 등 뒤에 따라와 소년에게 수건을 주었다. 소년은 부친의 물음에 오늘 일을 모두 얘기했다.

얘기를 하며 또 눈물을 흘렸다. 소년은 다시 얼굴을 씻었다. 아버지는 "그럴 테지! 그럴 테지!"하면서 몇 번이고 고개를 끄덕였다. 부친은 원래 말이 없는 사람이라 아들에게 말을 하지 않았으나 그 자신도 아들의 경우처럼 '가고지마' 중학에 입학하던 날 같은 일을 당했던 것을 비쳤다.

부친은 그래서 이날을 걱정했고 아내에게도 이야기해서 둘이서 아들이 돌아오기를 문 앞까지 나와 기다리고 있었던 것이다. 부친의 그 예감은 가혹하리만큼 적중했다. 소년은 결심했다. 이제 그 따위 학교는 가지 않겠다. 학교에 가지 않고 집에서 배우면 되지 않느냐고 떼를 썼다.

그러자 부친은 12대 심수관씨가 자신에게 했듯이 똑같은 말을 심 소년에게 했다. "그 따위 근성은 개나 주어라. 싸워서 이겨야 한다. 네 핏줄에는 조선 귀족의 피가 흐르고 있다. 들어보겠니?" 하면서 아들에게 자신의 가문과 혈통을 이야기했다.

전라도 남원성의 싸움, '사츠마' 반도에 상륙한 후의 고생, 그때 '시마즈'공이 크게 동정 "가고지마로 나오라! 나오면 집을 주고 보호도 해준다."고 했다. 그때 선조들은 남원성의 배신자 주가전과 함께 사는 것은 의(義)가 아니라며 임금을 배반한 자와 같은 하늘 아래 살고 싶지 않다고 거절한 일을 설명했다.

'시마즈' 영주의 말은 곧 법이라 거역하는 자는 죽음을 각오해야 했지만 선조들은 그것을 두려워하지 않았다. 이런 용기는 누구나 갖는 것은 아니다! 네 혈관 속엔 그때의 그 용감한 피가 흐르고 있다. 아버지의 말이 끝나자 소년은 일어서 나가려고 했다. 아버지의 말을 조금은 이해할 수 있을 것 같았다.

이때 "기다려!"하고 부친이 제지했다. 이 13대 수관은 일터에서도 그랬지만 기다리라 했을 때 상대가 동작을 멈추지 않으면 크게 화를 냈다. 소년은 발을 떼던 그 자세로 정지했다. "첫째를 하라! 첫째를 할 밖에 없다. 싸움에서도 첫째, 공부도 첫째, 그러면 사람들 보는 눈이 달라진다. 위축되면 상대는 더욱 기승을 부린다. 튕기는 거다. 그밖에 다른 도리는 없다."

아버지는 그렇게 말했다. 소년은 이날부터 일기를 적기 시작했다.

沈소년의 눈물겨운 일기

그 일기는 지금 읽어보아도 매섭도록 서릿발 치는 것이라고 했다. 중학 입학 때부터 3학년까지 매일매일 한 가지 주제로 엮어진 일기장이다. 일본인이란 무엇이냐? 하는 물음에서부터 부친이 말하듯이 자신에게는 일본인을 이기는 일밖에, 그리하여 그들을 극복하는 일밖에 없다고 생각하였다.

선생은 매일 같이 일본인을 찬미했다. 우선 일본인은 명예심이 강하다고 했다. 수치를 아는 민족이라 했다. 그러나 교실에서 남의 답안지를 훔쳐보는 아이들을 볼 때 이것이 과연 명예심이 강한 국민성인가 싶었다. 의(義)를 보고 물러나지 않는다 했지만 과연 약한 자를 돕고 있는가.

그리고 무엇보다 용감한 국민성이라면서 세계 어느 민족보다 강한 피가 흐르고 있다고 선생은 말한다. 그렇다면 일본인의 피를 안 가진 소년이 설 자리는 없지 않은가. 이 때문에 소년은 한 사람 한 사람씩 일본학생과 싸워 이겨야 했다. 세다고 소문난 놈이면 다른 반 아이에게까지 도전했다.

'사츠마' 소년들은 마주 서서 약간 바른쪽 어깨를 추스르는 그 포즈만으로 도전하는 뜻이 되고 도전당하면 뒤로 물러서지 못한다는 불문율이 있다. 이것이 심 소년의 탐구(探究) 과제였다. 매일 같이 학교 뒤 공터에서 싸움을 벌였다. 때로는 힘겨운 상대도 있었지만 그럴 때 소년은 죽으라고 자신에게 명령했다.

뼈가 부러지는 한이 있어도 싸움을 멈출수는 없다. 상대를 때려 눕히고 자신이 이겼다고 생각하는 순간까지…. 어쩌면 심 소년은 일본인 피가 솟구쳐서 자기가 튕겨져 넘어지지나 않을까 하고 갑자기 기분이 야릇해지기도 했다. 피에 대한 신앙은 오히려 심 소년 쪽에 있었다.

드디어 이 탐구는 중학 3학년 때 비로소 완성을 보았다. 소년은 이 세상 어느 진리보다 멋진 진리를 터득했노라 싶었다. 그는 슬기로운 자질(資質)과 명랑한 성격을 조부와 부친에게서 물려받았다. 자신이야 말로 가장 훌륭한 일본인이라는 결론에 보탬이 된 셈이다.

이제는 15대 수관 시대

초대 심당길로부터 14대 수관에 이르는 '사츠마' 도요사…. 심 씨 가문이 널리 알려진 것은 12대 수관(세습)이었다. 그는 세계박람회에 출품 입상한 경력이 있다. 또 13대를 거쳐 14대 수관에 이르러선 '고젠구로'를 구워내 일약 명성을 날렸다. 하지만 14대는 이제 80을 뛰어 넘은 황혼 인생이다.

그러나 그는 아직도 건장하다. 그는 한국정부로부터 명예 대사 직함을 받고 활약 중에 있다. 그의 지명도는 한・일 정상회담 때 배석할 정도였으니까. 더 구체적으로 말하면 김대중 대통령과 전 '오부치(小淵惠三)' 총리의 '가고지마' 정상회담 때 배석했다.

'오부치' 총리와 심 씨는 와세다대학 동문이다. 젊었을 때 주변에선 심 씨에게 정치를 권유한 일이 있었지만 그는 마다했다. 가업인 도자기 굽는 일에 전념하기 위해서였다. 그는 외모부터가 조선인 골격을 닮고 있다. 선이 굵고 늠름한데다 유머까지 즐길 줄 아는 인품이다.

바꿔 말하면 가장 '사츠마'인 다운 그런 풍모를 지닌 인물이다. 그는 90년 상처를 딛고 나서 오늘날엔 적적한 여생을 보내고 있다. 필자와 인터뷰 과정에서 그는 이런 말을 했다. "나는 14대 수관이고 자식 놈(一輝)은 15대 수관이지요" 세습이라는 이야기다.

그러나 변화하는 세파 앞에선 어찌 할 수 없는 모양인가…. 풍문이지만 15대는 14대와는 다르다는 것이다. 14대 심 씨는 관향 청송(靑松)이나 남원성에서 볼모로 잡혀온 조상이야기를 할 때는 울먹인다. 그러나 15대는 남원성이나 청송에는 큰 관심이 없고, 그가 들렀던 일이 있는 이천(利川) 도요에 더 관심을 갖는다고 했다.

조상들이 애용하던 망건, 교린수칙(예절) 책을 필자에게 내보이며 울먹이던 14대 수관이었다. 그가 한 번은 신문사를 찾아온 일이 있다. 「심수관 선생 한국역사기행」이라 해서 버스 한 대가 들이닥쳤다. 유머를 곧잘 들고 나오던 14대 수관 씨. 지금 쯤 노을을 바라보며 도토를 주무르고 있는 것은 아닐까.

2 부

임진왜란과 조선도공들

1. 도향 '아리타'의 역사

이삼평이 백자를 구워냈다는 '아리타(有田)'란 어떤 곳인가. 사방이 산악으로 둘러싸인 분지로 지금은 인구 2만 명이 오로지 도자기에 매달려 사는 소 도읍이다. 이곳에는 대소 가마(窯)가 1400개나 있는 세계적인 도향으로 알려져 있다.

착 가라앉은 분위기에 전 주민이 도요에 종사하고 있다. 도토 가계, 도자기 점포, 도산매 상으로 되어 있는 도읍…. 옛 가마터만도 200여 곳이 남아 있으며 그 중 〈덴구〉계곡은 사적으로 지정, 도자기 발전과정을 말해준다.

1616년 일본 최초로 이삼평이 백자를 구워낸 〈덴구〉계곡은 언덕 위에 계단식 오름 가마터가 있는데 이는 우리나라 고창 용산리 오름식 가마를 본 딴 것이다. 이는 이삼평이 축조한 것으로 '이즈미야마' 자석장 입구엔 이삼평이 백자를 발견한 곳이라 해서 비석까지 서 있다.

한글로 된 안내판에는 〈400년 동안 하나의 산을 도자기로 바꾸었다〉는 글귀가 새겨져 있을 정도다. 그 흔적은 어마어마하다. 그리고 〈덴구〉 계곡 인근에는 이삼평이 잠든 묘지가 남아 있으나 안타깝게도 그 관리는 허술하다. 이삼평을 도신으로 모시는 신사의 도리이(鳥井)는 여느 것과 다르다.

이삼평의 후예들

이곳 도리이는 백자에 청색 문양이 새겨져 있어 다른 지방에서는 찾아볼 수 없는 특징을 지니고 있다. 주민들은 도리이가 아리타에 있는 모든 가마를 지켜준다고 믿는다. 도산신사에는 주신인 응신천황(應神天皇)과 부신인 나베시마 나오시게(영주) 그리고 도조 이삼평 등 세 신을 모시고 있다.

일본 도자를 찬란하게 탄생시킨 이삼평을 기리기 위해 일본인들은 그를 도자기의 신으로 받드는 것이다. 이삼평이 없었다면 당연히 오늘날과 같은 아리타 도자기의 명성은 얻지 못했을 것이다. 도산신사에서 다시 산길을 따라 300m쯤 오르면 아리타 마을 전체를 한 눈에 볼 수 있는 산 정상엔 도조 이삼평비가 서 있다.

아리타 주민들이 '아리타 도자기의 아버지'로 추앙하는 이삼평이 가마를 연 지 300주년을 기념 1916년 10월에 세운 기념비다. 비문에는 '이삼평은 우리 아리타의 도조임은 물론 일본 요업계의 큰 은인이다. 현재 도자업에 종사하는 사람들은 그 은혜를 기리기 위해 여기에 모신다'는 글이 적혀 있다.

이 내용만 보아도 아리타 주민들이 얼마나 이삼평을 존경하는가를 쉽게 가늠할 수 있다. 1918년 니시마츠우라(西松浦) 군수는 〈도산(陶山)〉이라는 시를 지어 이삼평비에서 내려다 본 아리타 마을의 아름다움과 아리타 도자기의 명성을 노래한 바 있다.

눈 아래 집이 즐비하게 보이고
도자기 굽는 연기가 발아래서 올라온다.

솔바람이 그것을 떨어뜨리듯
이삼평 도조가 도산을 평정했다

현재 이삼평의 13대 후손인 가나가에 요시토와 14대 가나가에 쇼헤이가 도조 이삼평의 예술혼을 이어가고 있다. 14대 쇼헤이는 현재 자신의 작업장에서 백자를 빚기 위해 물레를 돌린다. 도조의 직계 후손인 그가 번듯한 작업장에서 고고하게 백자를 빚고 있으리라 생각되지만 전혀 다른 모습으로 살아가고 있다.

작업장은 열악하며 삶도 그리 넉넉하지 않다는 풍문이었다. 도조 이삼평 후손은 5대까지는 도자기를 만들며 가업을 이었으나 6대부터 그 명맥을 잇질 못하고 농사를 지으며 살아왔다는 것이다. 이유야 어쨌든 6대부터 12대까지는 도자기와 관계없이 살아왔다.

13대 가나가에 요시토도 어려운 삶을 살았다고 전해온다. 요시토가 가업을 이어 도자기를 빚기로 마음먹은 것은 철도원으로 40여 년의 직장을 마치면서부터였다. 처음으로 새로 시작한다는 자세로 도자기를 굽는 기술을 배우고 아들 14대 쇼헤이와 함께 가업을 이어가는 중이다.

아리타 거리에 작은 갤러리도 열었고 한국을 방문해 부산 등지에서 작품 전시회를 갖기도 했다. 조선 도공들의 정성과 혼이 담긴 도자기를 알리기 위해 아리타에는 현립 규슈도자문화관(九州陶瓷文化館)도 있다. 이곳에는 17~18세기 유럽으로 수출했던 이마리 자기를 수집한 감바라컬렉션이 전시돼 있다.

조선에서 끌려온 도공들이 아리타에 정착하고 이어 이들이 만든 도자기가 인도네시아와 아프리카의 희망봉을 거쳐 유럽으로 수출되는 과정 같은 걸 상세하게 설명하고 있다. 이삼평과 조선 도공들

심수관 가문이 자랑하는 자기 · 16

에 의해 도자기 문화를 꽃 피운 일본의 아리타 도자기는 이마리(伊万里), 가키에몬(柿右衛門), 이로나베시마(色鍋島)계 등 크게 3가지 유형으로 분류된다.

심당길과 이삼평 가문

일본 도요는 임진란 때 포로로 끌려간 조선도공들에 의해 뿌리를 내렸는데 이중 양대산맥은 '아리타'와 '사츠마'라 할 수 있다. 좁혀 말하면 아리타의 이삼평과 사츠마의 심당길을 그 중심 인물로 꼽는다. 하지만 400년간 이 두 가문의 발자취를 살펴보면 매우 이질적인 데가 많다.

이씨(氏)와 심씨(氏) 가문은 같은 여건 아래서 이렇듯 상반된 길을 걸어온 셈이다. 때문에 이 두 가문에 대한 평가는 각기 다를 수 밖에 없다. 그러면 일인들이 사츠마보다 아리타에 더 무게를 두는 까닭은 무엇인가. 외형상 아리타는 세계적인 도향이라 해서 사츠마를 압도한다. 아리타는 도읍(町) 전체가 도자기에 매달려 명치시대엔 수출 품목 제1호였다.

그래서 명치시대는 국책사업으로 한 몫을 했고 일본 군국주의(부국강병)의 원동력 구실을 했다. 그 이전 도쿠가와 막부 말기에는 도자기 산업이 토막(討幕) 운동의 자금줄이기도 했다. 이렇듯 일인들의 도자기 선호도는 그야말로 광적인 데가 있었다. 이에 반해 사츠마는 외양면에선 아리타를 따르질 못한다.

그러면서도 사츠마의 역사는 찬연했다. 아리타는 현재도 시민(町民) 전체가 오로지 도요산업에 매달려 1400개의 크고 작은 도요가 가동을 하고 있다. 반면 사츠마는 10여호만이 가마를 지키고 있지만 그들이 큰 소리 치는 이유는 무엇 때문인가.

사츠마 도공들은 300년간 긍지를 고집스럽게 지켜왔기 때문이다. 40여호의 도공들은 명치유신 때까지 한복차림에 혈통과 언어보존, 조선성씨를 지키며 살아왔다. 필자는 심수관(14대)씨와의 인터뷰에서 그것을 확인할 수 있었다. 조상들이 쓰던 말총으로 짠 망건(網巾)하며 교린(交隣)수칙이라는 책자를 내보이며 눈물을 글썽이던 심수관씨….

사츠마요는 심당길(초대)로부터 14대 심수관 씨와 15대(一揮)까지 도요를 이어왔다. 그 바람에 14대 심수관 씨에겐 한국정부가 〈명예대사〉를 임명한 바 있다. 그러나 아리타의 이삼평 가계는 심씨 가문과는 사뭇 다른 점이 있다. 같은 여건(처지)이었는데도 이삼평 가계는 심 씨 쪽과 내력이 다르다.

이삼평은 계룡산 계곡 학봉리에서 포로가 되었을 때 일본 침략군의 길 안내를 한 바 있고 일본으로 끌려가자 즉시 창씨개명을 했다는 것이다. 거기에다 이삼평 후예는 가업(도요)을 계승하질 못했다. 5대까지는 이어왔으나 6대에서 12대까지는 단절상태였다.

13대에 와서 다시 도요에 종사, 현재 14대로 이어오지만 13대는 그 점을 뼈저리게 느끼고 있다고 한다. 소화(昭和)시대 철도원으로 일하다 퇴역한 후 조상의 유업에 손을 댔다. 이삼평은 도신(陶神)으로 추앙받고 있지만 가업이 단절되는 바람에 그 문중엔 명장이 없다.

현재 그 후예들의 가마(窯)는 왜소하며 생활 또한 곤궁하다는 풍문이다. 이에 반해 사츠마의 심수관 도요는 줄기차게 번영가도를 달리고 있다. 또 사츠마 도공후예 중에는 출중한 인물들이 나왔다. 초대 박평의의 후손 중에는 도오고 시게노리(東響武德)라는 인물을 배출했다.

그는 2차 대전(태평양전쟁) 당시 외상(外相)을 두 번씩이나 지낸 인물이었다. 수관 씨는 필자에게 그가 큰 인물이었다며 추켜세우고 있었다. 동경제국 대학 독문과를 나와 독일 유학을 했고 고등 문관 시험을 거친 준재였다고…. 그는 평화주의자였으나 중책을 맡은 탓에 맥아더 법정(군사재판)에서 중형을 받고 복역 중 처형된 인물이다.

이상과 같은 역사성 탓에 사츠마의 심수관 가문은 줄곧 번영가도를 달린다. 특히 한국인들은 그래서 사츠마 요를 애정 어린 눈으로 지켜보며 성원을 아끼질 않고 있다. 이와는 달리 아리타에 대한 향의는 대수롭지 않다. 연구차 또는 관광차원의 순례가 있을 뿐이다.

이삼평 후예 13대는 말한다. "저의 선대는 위대했으나 후손들이 못난 탓에 이 지경이라고…." 한탄하더라는 기사를 읽은 일이 있다. 하지만 이제 우리는 이 점을 생각해야 할 시점이다. 비록 이삼평의 행적이 사츠마의 심수관 가계에 미치지 못한다 해서 폄하할 일은 아니라는 점이다.

왜군이 침략해 왔을 때 길안내를 하고 일본에 끌려가자 즉시 창씨 개명을 했다는 걸 꼬집지만 당시 힘없는 일개 도공입장에선 불가피한 선택이었을 게 분명하다. 바꿔 말하면 임란 때 우리 조정에선 갑론을박 싸움질이나 하다 왜군에 밀려 임금은 백성을 버리고 피난길에 서야했던 그 정황.

1997년 10월 후쿠오카에선 한 · 일 도자문화 교류 400년전 때 이야기다. 여기에는 양국 명장들이 출품을 했다. 이때 사츠마의 14대 심수관과 아리타의 13대도 작품을 내놓았다.

이 소식을 전해들은 우리들의 심정이 개운치 않은 심정은 무엇 때문일까.

심수관 가문이 자랑하는 자기 · 17

심수관 가문이 자랑하는 자기 · 18

2. 일(日) 자기 유럽을 석권

일본 도자기는 명치시대부터 세계 최고라는 명성을 듣고 있었다. 그 시절 '아리타' 자기는 '나베시마' 영주를 통해 유럽으로 수출되었고, 현재 런던 대영박물관에 그의 작품이 전시되어 있을 정도다. 당시 네덜란드의 동인도 회사를 통해 유럽에 '이마리야키'라 불리며 일대 선풍을 일으켜 독일의 마이센자기의 시조가 되기도 하였다.

예로부터 도자기 산지로는 '아이치' 현의 세토 지역이 유명했다. 그래서 통상 일본도기를 '야키모노' 또는 '세토모노'라고 한다. 일본 도자기는 약 1만년 전의 '조몬' 토기와 '야요이' 토기를 기원으로 삼는데 실제로 일본에서 도기를 구워내기 시작한 것은 나라시대부터였다. 당시 중국의 당삼채 도자기를 들여와 나라삼채(쇼소인삼채)를 만들어 내는데 성공했다.

그 이전엔 한반도 삼국의 영향을 받아 백색점토를 고열로 구워낸 스에키가 있으나 나라 삼채가 일본 최초의 도기라고 보는 것이다. 이로써 점차 자기에 관한 관심이 급증, '헤이안' 시대에 청자를 들여오게 되면서 당시 일본 도기는 '스에키' 토기와 '나라삼채', '청자' 세 가지로 구분 지어졌다.

하지만 본격적으로 도기를 구워낸 것은 가마쿠라 시대로 세토의

'가토시로'가 '남송'의 유약기술을 도입, '세토야키'를 일으키고 무로마치 시대를 거쳐 각양각색으로 성장한 도예문화는 도요토미 히데요시와 '센리큐'의 다도문화를 만나면서 꽃을 피우게 된다.

이때 히데요시의 조선침공으로 이삼평을 비롯한 수많은 조선 도공들이 끌려와 일본 도예의 뿌리를 이룬다. 조선에서는 천대받은 도공들이 포로로 끌려가 귀족의 예우를 받으며 자기를 굽기에 몰두할 수 있었기에 400년이 지난 오늘, 일본 도자기는 명실 공히 세계 최고봉에 이를 수 있었다.

현재 일본 도예가들은 전통의 보존과 그것을 현대적 계승이라는 과제를 성공적으로 수행, 가장 일본적이면서도 세계적인 감각과 안목을 지닌 작품들을 구워내기에 이르렀다.

이삼평 조선식 등요 설치

일본 도자기 문화가 처음 정착한 곳은 '다쿠'였다. 사가현 한복판에 있는 이 마을은 지금 시로 승격해 있다. 당시 태수인 '다쿠'에게 '좀 데리고 있어 보라'고 맡긴 것이 인연이 되었다. 이에 대해 이런 저런 이야기가 있지만 이는 모두 후세에 만들어진 것으로 어디까지 진실인지는 알 수 없으나 그곳에서 각별한 대접을 받은 것만은 확실하다.

'다쿠'는 어느 날 이삼평을 불러 그의 의중을 물었다.

"할일이 없어 답답할 터인데 그대 생각에는 무엇을 하면 좋겠는가?" 묻자 "저는 사기그릇을 만드는 사기장입니다. 전에 하던 일을 할 수 있게 해 주시면 고맙겠습니다"라고 답했다.

"그것이 좋겠군!"

'다쿠'는 아래 것을 불러 가마터를 물색해 주라고 지시했다. 그가 사기장이라는 것은 이미 알려진 사실이었다. 그 기술을 탐낸 '나베시마'의 명령으로 '다쿠'가 데리고 온 것이 이삼평이었다. 그의 수하들까지 붙잡아 왔을 터에 이를 다시 재탕하는 것이 아무래도 수상쩍었다.

하지만 구구절절 선심을 강조한 점도 앞뒤가 맞지 않는다. 이는 후세에 각색했을 가능성이 크다. 어쨌든 '다쿠'의 호의는 이삼평에게 천금 같은 기회였다. 그 길로 가마터를 찾아 나섰다. 계룡산 인근 고향을 닮은 능선을 찾아 헤맨 끝에 비슷한 곳을 발견해냈다.

'다쿠'는 기대에 부풀어 가마의 축조를 허가했다. 그리고 이삼평에게 도자기 제조를 관장하는 관직을 주었다. '히캉'이란 '다이묘'에 직속된 하위직이었다. 그는 고향의 가마를 본 따 좀 밋밋하지만 능선의 구배를 따라 '조선등요'를 앉혔다. 전장 16.5m에 폭 2m, 8개의 소성실로 이어진 작은 등요였다.

장작으로 쓸 수 있는 나무도 찾았다. 물을 공급할 수 있는 수원도 찾았다. 도자기 제조에 필요한 세 가지 요건을 우선 갖추었다. 그러나 문제는 도토가 없다는 점이었다. 부근을 헤맨 끝에 쓸 만한 흙을 찾아내 마침내 '사기'를 구워냈다. '다쿠'도 그것을 보고 대견스러워했다.

이것이 이삼평이 일본에서 처음 축조한 '조선등요'이자 최초의 사기장 도방이다. 1994년 3월 다쿠시 교육위원회의 발굴조사에서 이 가마의 실체가 확인되고 유물도 발굴되었다. 다쿠시가 주목한 것은 이곳을 이삼평의 최초 가마가 있었던 '당인고장요적'이라 기록한 에도시대의 읍지도 나왔다.

부근 주민들의 구전과 유물이 발굴되었다는 소문은 눈을 끌었다. 지표조사로 위치를 확인하고 마침내 발굴에 성공한 것이다. 일본의 고문서는 대부분 한국을 지칭하는 '가라(韓)'와 '가라(唐)'를 혼용하고 있었다. 그래서 여기서도 한인을 '토오진'이라 불렀다.

장인의 욕심은 '완벽'

이삼평이 좋은 흙을 구하지 못해 고심한 흔적은 발굴된 도편에서도 엿볼 수 있다. 태토가 좋지 않고 잿물의 밀착도 약한 암녹색 녹갈색이었다. 거기에 깨어지고 형태가 무너진 도편이 남아 있는 것으로 보아 흙에 문제가 많았던 것임을 알 수 있다.

그러나 이삼평의 가마는 분명히 일본 최초의 조선등요였다. 현지 교육위원회는 '17세기 한국 가마를 그대로 일본에 옮겨 놓은 것처럼 유사점이 많을 뿐 아니라 지형적으로도 닮았다.'고 말한 한국 측 박물관원 고증도 눈여겨 볼 만하다.

장인의 욕심은 완벽에 있었다. 화염의 신통력에 의탁하면서도 인력의 한계에 도전하는 것이 장인정신이라 할 수 있다. 거기에는 때와 장소의 구별이 없었다. 양질의 백토를 찾아내고 1천4백도의 고열을 확보하는 가마를 만드는 것이 시급한 과제다.

이삼평은 다시 가마터의 탐색에 나섰다. 서쪽 5㎞ 떨어진 곳에 또 가마를 축조했다. 그리고 서북쪽 3.5㎞ 지점에도 가마를 세웠다. 발굴단은 이 가마터를 확인해냈다. 그러나 가장 중요한 백토를 찾지 못했다. 그의 꿈은 고향의 그것과 같은 백토를 찾아내는 일이었다. 이삼평은 결심했다.

그 길로 '다쿠'를 찾아가 사정을 말하고 백토탐색을 위한 여행을 신청하자 '다쿠'도 동의했다. 여기서 사가항 영내 전역의 자유여행 허가를 얻었다. 그가 '다쿠'를 떠난 정확한 날짜는 알 수 없으나 1935년에 간행된 '히젠도자사'는 1614~1615년경으로 추정하고 있다.

일본에 간 것이 1598~1599년경이니까 이미 오랜 세월이 흘렀다. 20세 청년이 40을 바라보게 되었다. 이삼평은 발길을 서남쪽 아리타로 돌렸다. 임진왜란 때 붙잡혀 온 많은 조선사기장들이 그곳 어디엔가 있다는 소문을 들었다. 그것이 방향을 잡아 준 셈이었다.

그들을 만나 고국 소식은 전해 듣는 것을 가슴 조이며 기다렸을 것이다. 이웃 다카도리로 잡혀간 팔 산이 고국으로 달아나려다 붙잡혀 감금당한 애절한 이야기도 듣고 싶었을 것이다. 가는 곳마다 수소문해서 같은 운명의 사기장들을 만났다.

그리고 조그마한 시험 가마를 만들어 화염 속에서 생겨나는 흙의 변화를 탐구하며 쌓인 회포를 풀었다. 구로카이야마에 올라 조선사기장들이 갇혀있는 '오코우치' 사역장도 내려다보았을 것이다. 영오의 신세로 혹사당하는 그들을 생각하며 눈물도 지었을 것이다.

심수관 가문이 자랑하는 자기 · 19

1616년은 일본의 자기 원년

그러나 장인은 어디서나 장인이다. 슬픔도 기쁨도 천직을 능가하지 못한다. 이삼평은 다시 발길을 돌려 백토를 찾아 나섰다. '아리타' 동쪽 연봉을 헤맸다. 행운의 여신은 그 곳에서 기다리고 있었다. 발밑의 능선이 온통 자광이 아닌가.

그는 까무라칠 듯 놀랐다. 함께 따라나선 사기장들도 사방을 확인했다. 능선 모두가 자광이었다. 조선 사기장들에게 행운의 문이 열린 것이다. 일본 문명사의 새장이 열렸으니 이때가 1616년. 이삼평이 '다쿠'를 떠난 지 2년만의 일이었다. 그의 나이 38세 때 일이다.

무진장의 백토를 얻은 이삼평은 다시 나베시마의 명령에 따라 자광 이즈미야마 인근 '덴구다니'에 본격적인 조선등요를 구축, 일본 최초의 자기 생산을 시작했다. 일본 역사는 이삼평이 자광을 발견한 1616년을 일본의 자기원년으로 삼고 있다. 오늘날 세계를 주름잡고 있는 일본 도자기문화의 시발점이 된 것이다.

그런데도 일본학자 중에는 이삼평이 계룡산 근처에서 도기를 굽던 사람이기 때문에 자기에 관해선 문외한이었을 것이라 주장하기도 한다. 그래서 조선 사기에 익숙한 사람을 데리고 다녔을 것이라고 주를 달고 있다. 이는 우리 도자기사를 왜곡하는 말이다. 이삼평의 '아리타야키'는 백자를 말한다.

거기에 문양이 입혀져 일본의 청화백자가 되었고 '경덕진'을 모방하여 '아카에'가 되어 안료와 기법의 발전은 오늘의 수려한 '아리타야키'가 된 것이다. 그러나 근본은 백자다. 생각대로 그림을 그릴 수 있는 하얀 캔버스를 이삼평이 만들어낸 것이다.

우리의 초기 백자는 신라 말기에 이미 생산되었다. 고려에서도 그렇게 뛰어난 것은 아니지만 백자가 생산되었다. 조선 초기에는 유약이 밀착한 순백의 우수한 백자를 생산한 것이다. 세종대로부터 연산군대에도 그것이 있었다.

자기는 백토를 사용해서 비로소 정밀하게 번조할 수 있다. 그중에서도 고령의 자기가 우수했으나 이것도 광주 자기에는 미치지 못한다는 것이다. 이것을 보면 임진왜란 이전에 우수한 순백의 백자가 생산되었음을 알 수 있다. 그리고 사기장들이 백자에 익숙했을 것이라는 점도 짐작이 간다.

이삼평이 자신의 직업을 묻는 나베시마의 질문에 "나는 사기장입니다."라고 대답했다는 기록은 이미 소개한 바 있다. 조선시대는 도공을 '사기장'이라 했다. 근세에 이르러 자기장을 분리하는 경향이 있지만 초기에는 구별 없이 혼용했다. 이삼평도 시대의 흐름에 등을 돌리지는 못했을 것이다.

심수관 가문이 자랑하는 자기 · 20

3. 이삼평(李參平)과 아리타 요(窯)

한, 중, 일 한자문화권 가운데서 유별나게 도자기에 집념하는 민족이 있다면 그것은 일본일 것이다. 임란 당시 왜군은 조선도공 400여명을 세 척의 군선에 싣고 퇴각했으나 어찌된 영문인지 두 척은 '북규슈(나베지마 領)'에 떨구고 나머지 한 척 40여명 만이 남단 가고시마(鹿兒島)에 표착을 했다.

그것이 두 영주 간의 묵계였는지 아니면 풍랑으로 통제가 불가능했는지 그 까닭에 대해선 알려진 바가 없다. '사츠마'의 14대손 沈수관씨도 그 점이 아리송하다고 고개를 갸웃거렸다. 어떻든 그 바람에 '사츠마'와 '아리타'는 일본 도요의 양대 축으로 성장 번영을 거듭해왔다.

도자기를 신앙처럼 떠받들어 온 일인들은 그것을 소유함으로써 권위를, 또 한편으로는 정신수양의 수단으로 삼았다. 그래서 전국시대 피비린내 나는 전투를 마무리 짓고 다도(茶道)를 확립시킨 게 도요토미(豊臣秀吉)라고 흔히 말한다. 어떻든 조선도공에 의해 일본도요(陶窯)는 빛을 발했고 오늘날 세계 정상의 도요국(陶窯國)으로 발돋움했다. 그들의 도자기 선호도가 어느 정도였는가 예를 들어보자.

임진란을 전후해서 고려청자나 분청사기, 백자 같은 자기를 보면 영주(大名)나 대상(大商)들은 일개 성(城)과 천만금을 내놓으며 맞바꾸려 했다. 하지만 그 무렵 평민들은 표주박과 대나무마디를 잘라 밥그릇으로 대용했다. 오늘날 일인들은 잘산다고 뽐내지만 지금도 도자기라면 눈빛이 금방 달라진다. 오사카(大阪)에서 5대째 이조 청화백자를 모으는 집 '리세이도' 주인은 '청화백자사면병'을 신주단지처럼 떠받든다는 기사를 읽은 적이 있다.

태양 아래 노출시켜서도 안 되고 함부로 내보이는 일 자체도 금기시한다. 그 도자기를 한 번 보는데 우리 돈으로 100만원을 줘야 한다는 풍문이 나돌 정도다. 이쯤 되면 일인들의 도자기 선호도는 가히 광적이라 할 수 있다.

심수관 가문이 자랑하는 자기 · 21

조선도공을 신격화하는 이유

이삼평(李參平)은 조선출신 도공으로 아리타 자기 또는 이마리 자기의 모태를 이룬 인물로 알려져 있다. 일본명은 가네가에 산베에(金ケ江 三兵衛)이다. 나중에는 가키우에몽(柿右衛門)이라 불렸다. 충청도 금강(공주시 반포면) 출신으로 1592년 도요토미 히데요시가 임진왜란을 일으키자, 일본군 나베시마 나오시게 군에 잡혀 일본에 끌려 온 도공들 중 한 명이다.

이후 이삼평은 '가네가에 산베에'라는 이름으로 불리게 된다. 아울러 오늘날 일반적으로 불리는 이삼평은 가네가에 가문의 문서에선 이 씨라는 기록과 산베에라는 이름이 삼평(參平) 혹은 삼평(三平)으로 기록된데 연유한다. 이삼평은 나베시마 나오시게의 가신 다쿠 야스토시에 의탁하면서, 오기 군 다쿠에 살았다.

전해져 오는 이야기에 따르면, 이삼평은 자기의 원료인 고령토를 찾기 위해 나베시마 가문의 영지인 사가 번내를 전전했고, 마침내 1616년 아리타 동부의 천산(泉山)에서 양질의 고령토를 발견하곤 덴구다니에 가마를 설치, 일본 첫 백자를 구워냈다. 이로써 아리타 자기가 발원한 것이다.

아리타의 류센지(龍泉寺) 장부엔 1655년 죽었다고 기록되어 있다. 예명은 월창정심거사(月窓浄心居士)였다. 이삼평의 묘소는 오랜 세월 잊혀져 있다가 1959년 덴구다니 가마 부근에서 묘석의 하부 부분이 발견되어 시로카와 묘지에 옮겨졌다. 안타깝게도 묘석 상부 부분은 찾지 못했다. 이 묘석은〈이삼평의 묘〉로서 아리타 정(町) 사적에 등재되어 있다.

이삼평은 아리타 지역에서는 도자의 시조라 해서 도조(陶祖)로 받들어지고 있다. 아리타의 도잔 신사에서는 이삼평은 오진 천황,

나베시마 나오시게와 함께 신으로 모셔져 제를 지내고 있다. 1917년 아리타 자기 창업 300주년을 기념하여 도잔 신사에 〈도조 이삼평비〉가 건립되었다. 매년 5월 4일 도조 축제가 열린다.

또 1990년에는 그의 고향인 충청남도 공주시 반포면에 한일합동 기념비가 세워져 있다. 아리타 자기 발양에 관한 조사에서 1610년대 전반부터 아리타 서부에 이미 자기생산이 시작되었고, 그 밖의 자료 등으로 볼 때, 오늘날 전해오는 이야기에 의문시되는 점도 없지 않다. 하지만 아리타 자기의 탄생과 발전에는 이삼평을 비롯 많은 조선 출신 도공들의 역할이 컸다는 것에는 의문의 여지가 없다.

아리타와 이마리의 번영시대

임진왜란 당시 왜군의 조선 도공(陶工)납치계획에 따라 사가(佐賀) 나베시마번(鍋島藩)에 의하여 1594년 또는 1596년경에 일본에 끌려가, 처음에는 가라쓰(唐津) 근방에 상륙하였던 것으로 짐작되며, 다쿠고가라쓰(多久古唐津)는 바로 그에 의해서 시작된 가라쓰 도자기다.

그 뒤 아리타 조하쿠천(上白川)의 이스미산(泉山)에서 백자광(白磁礦)을 발견하였고, 1605년경 이곳에 '덴구다니요(天狗谷窯)'를 열었는데 이것이 일본자기의 시초가 되었다. 이삼평은 일행 18명과 함께 이곳에 이주, 도향(陶鄕) 아리타의 새 역사를 열었고 30여년 후 이곳에는 수많은 도공들이 집결하여 번성을 이루었다.

이때까지 아리타는 심산궁곡으로 1590년대의 지도에는 전혀 지명이 나와 있지 않던 곳이었으나 1680년대 지도에선 아리타 등의 지명이 나타나고 있다. 대체로 이삼평과 함께 납치되었던 도공의 수는 155명이었다고 알려져 있으며, 아리타명산(有田皿山)의 지배

권을 획득 대도향(大陶鄕)으로 번창하기에 이르렀다.

에도(江戶)후기에 이르러 이 아리타 이마리 도자기는 일본 여러 지방의 자기 중 단연 제일로 발전되며 이마리항(港)을 통하여 널리 수출되었다. 아리타도자기의 특징은 아리타 내산제요(內山諸窯)와 외산제요(外山諸窯)로 나누어 생각할 수 있다.

내산의 제요는 이삼평이 발견한 백자광 이스미산의 도석(陶石)과 시라카와산(白川山)의 유석(釉石)이 보존되어 있었고, 이삼평의 지휘하에 번청(藩廳)이나 동인도회사(東印度會社)의 주문에 의한 상등품의 제작에 주력했던 것으로 보인다.

여기서는 주로 개물류(蓋物類), 도발극상(兜鉢極上)의 침향호류(沈香壺類), 회석상(會席床)의 식기류, 세공(細工)의 향로류(香爐類) 등이 제작되었다. 초기 이마리는 단순한 조선식 백자이며, 고(古)이마리는 아리타 백자로 바뀐 일본 최초의 백자였다.

또, 아리타 외산제요는 지주나 상인들의 일상 식기류를 주로 구웠고, 제품의 대부분은 청자 · 청화백자 · 백자 등으로 서민적이며, 대발류(大鉢類)로부터 유합(油盒)에 이르기까지 다양한 폭을 가진 것으로 자유분방한 작품의 초문(草文) 등의 그림이 많다.

사츠마 요엔 조선의 혼이

메이지(明治) 이후의 아리타 · 이마리 도자기는 기계화와 근대화 기법으로 발전해왔으며, 현재 대소 백수십 개의 가마가 설치되어 최대의 도향으로 활발한 발전을 거듭해가고 있다. 도조(陶祖) 이삼평의 기념비는 아리타 마을을 모두 내려다볼 수 있는 도산신사(陶山神社)의 뒷산에 위치하여 아리타도업(有田陶業)의 장래를 지켜보고 있다.

도자기의 고장 아리타(有田)는 일본 문화의 이런 특징을 잘 살려 놓은 도시라 할 수 있다. 아리타는 요시노가리 유적이 있는 사가현에서 그리 멀지 않다. 전동차를 타면 30~40분 거리밖에 되지 않는다. 그러나 거리상으로는 가깝지만 이곳은 오지가 되어 후쿠오카에서 이 마을로 가려면 전동차를 두 번이나 갈아타야 한다.

아리타는 우선 우리나라 도공이었던 이삼평(李參平)이 만든 마을이라는데 관심을 끈다. 임진왜란 때 일본으로 잡혀와 일본 도자기 문화의 꽃을 피운 우리나라 인물들이 많다. 이중에서도 심당길(沈堂吉)과 이삼평은 대표적인 인물이었다.

여기서 심당길의 후손들은 오늘날까지 우리나라 사람들로부터 존경을 받아 그에 대한 연구가 계속되고 있고, 후손들 역시 한국을 자주 찾는데 반해 이삼평은 그렇지 못한 점이 아쉽다.

따라서 일본에서 우리나라 도자기 역사를 연구하기 위해 일본으로 오는 사람들도 이삼평이 도자기문화를 꽃피웠던 아리타보다는 심당길의 발자취가 남아 있는 미야마(美山)를 많이 찾는 경향이다.

이것은 아마 심당길의 후손인 심수관(沈壽官)이 운영하는 미야마 요에는 아직 한국의 흔적을 많이 찾을 수 있는데 반해, 아리타 요에서는 한국의 흔적을 찾기 힘들기 때문이다. 우리를 정답게 하는 것은 이것만이 아니다.

정원수가 잘 가꾸어져 있는 수관도원에는 무궁화 꽃이 피어 있고 별채에는 우리나라 정부가 수여한 대한민국 명예 총영사관이라고 쓴 청동으로 만든 현판이 걸려 있다. 그러나 아리타에서는 이런 것들을 찾아볼 수 없다. 임진왜란 때 우리나라 도공들이 일본에 많이 잡혀 갔다는 것은 널리 알려진 사실이다.

아리타에서 신격화되고 있는 이삼평 역시 이때 일본으로 온 것으로 되어 있다. 우리나라 도공들이 규슈에 온 것은 대부분 이런 과정을 통해서였다. 정유재란의 막바지인 1597년 임진왜란 때 한국을 다녀간 적이 있는 규슈 사쯔마의 제18대 번주(藩主)인 시마즈 요시히로(島津義弘)가 다시 조선으로 와 이듬해인 1598년 퇴각하면서 조선도공 80여 명을 일본으로 데리고 갔다.

이중 40여 명은 나고야 성이 있는 북규슈 사가현 가라쯔(唐津) 해안에 도착해 사가(佐賀)와 나가사키(長崎), 구마모토(熊本)로 흩어져 정착했고 나머지 40여명은 시마즈를 따라 남규슈로 온 것으로 되어 있다. 아리타는 조선인에 의해 처음으로 백자가 생산된 곳으로 일본인들은 믿고 있다.

더욱 이 마을은 이삼평이 이곳에 자리를 잡은 지 40~50년밖에 되지 않은 1650년대부터는 네덜란드의 동인도 회사를 통해 많은 도자기를 유럽으로 수출했다는 기록이 있는 것을 보면 이삼평의 역할이 대단히 컸다는 것을 알 수 있다.

심수관 가문이 자랑하는 자기 · 22

임진왜란과
조선도공들

안영진

발 행 일 | 2018년 12월 28일
지 은 이 | 안영진
발 행 인 | 李憲錫
발 행 처 | 오늘의문학사
출판등록 | 제55호(1993년 6월 23일)
주　　소 | 대전광역시 동구 대전로867번길 52(한밭오피스텔 401호)
전화번호 | (042)624-2980
팩시밀리 | (042)628-2983
전자우편 | hs2980@hanmail.net
카　　페 | cafe.daum.net/gljang(문학사랑 글짱들)
| cafe.daum.net/art-i-ma(아트매거진)

공 급 처 | 한국출판협동조합
주문전화 | (070)7119-1752
팩시밀리 | (031)944-8234~6

ISBN 978-89-5669-977-6
값 15,000원

* 이 책은 (주)교보문고에서 eBook(전자책)으로 제작하여 판매합니다.
* 잘못 제작된 책은 바꾸어 드립니다.
* 이 책은 대전광역시 DAEJEON METROPOLITAN CITY 와 대전문화재단 에서 사업비 일부를 지원 받았습니다.

* 이 도서의 국립중앙도서관 출판예정도서목록(CIP)은 서지정보유통지원시스템
홈페이지(http://seoji.nl.go.kr)와 국가자료종합목록시스템(http://www.nl.go.kr/kolisnet)에서
이용하실 수 있습니다. (CIP제어번호 : CIP2018042722)